DIE KRAFT DER MITTE

FRANZ FISCHLER

DIE KRAFT DER MITTE

DIE POLITISCHE LEBENSGESCHICHTE EINES TIROLERS UND EUROPÄERS

ecoWING

Medieninhaber, Verleger und Herausgeber:
Red Bull Media House GmbH
Oberst-Lepperdinger-Straße 11–15
5071 Wals bei Salzburg, Österreich

Verfasst unter Mitwirkung von Wolfgang Machreich
Satz: MEDIA DESIGN: RIZNER.AT
Gesetzt aus der Palatino, Nexa Text, Baskerville Classico
Umschlaggestaltung: Isabel Neudhart-Haitzinger
Umschlagmotiv: © Peter Rigaud

Printed by Neografia, Slovakia
ISBN: 978-3-7110-0342-3

INHALT

VORWORT

EUROPÄISCHE UNION: KIND DER MITTE!

Die politische Mitte dünnt aus. Das haben wir bei den Europawahlen im Juni des Jahres 2024 erlebt, das erleben wir bei nahezu jeder Wahl in den Mitgliedsstaaten, nicht zuletzt und gerade heuer wieder in Österreich. Ein Buch mit dem Titel »Die Kraft der Mitte« scheint da aus der Zeit gefallen, die Realitäten leugnend. Dieser Eindruck wird noch verstärkt, wenn man an die beiden zentralen Prinzipien denkt, die für die politische Mitte das Handeln bestimmen, nämlich eine wertebasierte Politik zu machen und die Kunst des tragfähigen Kompromisses zu beherrschen. Der Grund, warum ich mich trotzdem für diesen Titel und das, wofür er steht, entschieden habe, liegt am zentralen Thema dieses Buches: Europa.

Das gemeinsame Europa verdankt seine Existenz der Kraft der Mitte. Der europäische Einigungsprozess ist das Gegenmodell zu den politischen Extremen, die Europa in den Zweiten Weltkrieg getrieben haben, Nationen und Völker einander aufreiben haben lassen. »Nie wieder Krieg« und »Niemals vergessen« heißt auch, den politischen Rändern nie mehr zu erlauben, an die Schalthebel der Macht zu gelangen, wie es den Nationalsozialisten, Faschisten und Kommunisten vor 100 Jahren gelungen ist. Wir können die damalige Zeit, die damaligen wirtschaftlichen und sozialen Verwerfungen nicht einfach in die heutigen politischen und gesellschaftlichen Herausforderungen übertragen. Geschichte ist nie eine identische Blaupause, aber in der Geschichte gibt es immer wieder parallele Entwicklungen mit sich gleichenden Folgen.

Ich erlebe oft, dass die jetzige Generation meint: Das Österreich, das Europa von damals war eine völlig andere, eine nach heutigem Empfinden fremde Welt, die für sie keinerlei Bedeutung mehr hat. Mein Anliegen, das ich mit diesem Buch verfolge, ist es, zu zeigen, dass die Vergangenheit nicht wie vom Himmel gefallen ist, um sich dann wieder wie ein Nachtgespenst oder ein böser Traum zu verflüchtigen. Das wäre ein gefährlicher Trugschluss. Die Geister der Vergangenheit wirken zu einem gewissen Grad auch in den folgenden Generationen nach, bleiben ein Teil von uns. Wenn wir für die Gegenwart und die Zukunft erreichen wollen, dass die Ideologien des Gegeneinanders, die Vernichtung der politisch Andersdenkenden eingeschlossen, niemals wieder die Oberhand gewinnen können, dann dürfen wir vor dem latenten Vorhandensein dieser Gefahr nicht die Augen verschließen.

Es ist wie ein schlafender Virus, dem wir in der sich gerade wieder aufheizenden politischen Atmosphäre beim Wachwerden und Um-sich-Greifen zuschauen können. Doch wir dürfen hier nicht kommentarlos und uns ungläubig die Augen reibend untätig bleiben! Vor bald 25 Jahren, im Mai 2000, habe ich bei der Gedenkfeier zur Befreiung im Konzentrationslager Mauthausen davor gewarnt, dass die Gefahr eines Rückfalls in Krieg und Barbarei immer dann am größten ist, wenn man sie ignoriert. Diese Warnung gilt heute, ein Vierteljahrhundert später, noch viel mehr. Wir haben die Pflicht, uns zu erinnern! Zu diesem Erinnern gehört, uns eines immer wieder bewusst zu machen: Hannah Arendts Warnung vor der »Banalität des Bösen« muss ein Stachel in unserem gerade auch jetzt wieder zu Selbstgefälligkeit und Selbstgerechtigkeit neigenden Fleisch sein.

Das gemeinsame Europa ist ein Kind der Mitte, jeder Schritt zu mehr Integration in Europa verdankt sich dem von der Kraft der Mitte getriebenen Ausgleich der Interessengegensätze. Dabei ist ein deutliches Erfolgsmuster erkennbar: Je runder der Integrationsmotor läuft, desto stärker sind die ihn antreibenden Kräfte der Parteien der politischen Mitte. Gleichzeitig gilt: Je schwächer und uneinheitlicher diese Mitte wird, je mehr Fehlzündungen und Startprobleme es gibt, desto öfter fängt der EU-Motor zu stottern an, desto mehr Sand dringt in das Getriebe der Europäischen Union ein.

Gleiches gilt für Österreich: Das erfolgreiche Meistern der schwierigen EU-Beitrittsverhandlungen und die Aufnahme unseres Landes in das vereinigte Europa war die Frucht koalitionärer Zusammenarbeit der Mitte-links-/Mitte-rechts-Parteien. Österreich ist in der Mitte Europas angekommen, weil die politische Mitte in Österreich sich von der teilweise aggressiven Anti-EU-Propaganda von rechts wie links nicht hat beirren lassen. Damals hat die Mitte die Richtung bestimmt und den Kurs gehalten; dass das heute teilweise anders ist, wird leider ein Thema dieses Buches sein müssen.

Den entscheidenden Grund dafür, warum die Mitte an Überzeugungskraft und als Folge davon das gemeinsame

Europa an Attraktivität verliert, sehe ich im Verblassen der bisherigen großen Erzählung, die die Mitte stark und Europa groß gemacht hat: Frieden und Wohlstand, der auf sozialem Ausgleich basiert, waren die prägenden Kapitel dieses Narrativs. Die Basis dieser Erzählung hat Winston Churchill in seiner Züricher »Europa-Rede« am 19. September 1946, vier Tage vor meinem Geburtstag, gelegt, als er ein »Heilmittel« für den geistig wie materiell verwüsteten Kontinent vorschlug: »Dieses Mittel besteht in der Erneuerung der europäischen Völkerfamilie oder doch einer so großen Zahl ihrer Mitglieder, als es im Rahmen des Möglichen liegt, und ihrem Neuaufbau unter einer Ordnung, unter der sie Freiheit, Sicherheit und Frieden leben kann.«

Es ist zwar heute genauso richtig wie damals, den europäischen Einigungsprozess als Friedensprojekt darzustellen. Wenn man sich allerdings die Emotionen vor Augen hält, die eine Parole wie »Nie wieder Krieg zwischen Frankreich und Deutschland!« damals auslöste, als Europa in Trümmern lag und 70 Millionen Tote zu beklagen waren, muss man zugeben, dass die emotionale Seite des europäischen Narrativs mittlerweile verblasst ist – auch wenn sie mit dem russischen Überfall auf die Ukraine zu einem gewissen Grad wieder an Aktualität gewonnen hat. Ebenso ist die Schaffung des Binnenmarktes und einer EU mit 27 Mitgliedsstaaten zwar eine große politische Leistung der vergangenen Jahrzehnte, aber wenig geeignet, um die heutige Generation dafür zu gewinnen, für Europa zu brennen. Eine neue, starke, überzeugende Geschichte zu Europa muss positive Emotionen wecken, und vor allem muss sie zukunftsgerichtet und »enkeltauglich« sein. Als eine Kurzfassung, die ich in diesem Buch noch weiter ausformulieren werde, schlage ich vor: »Wir machen Europa zum lebenswertesten Kontinent der Welt – und wir lassen dabei niemanden zurück!«

Meine Überzeugung ist: Die Kraft der politischen Mitte und die Stärke des gemeinsamen Europas hängen von der intellektuell stichhaltigen und emotional mitreißenden Kraft ihrer Erzählung ab. Mit diesem Buch möchte ich Anregungen für diese »große Erzählung« geben, indem ich »meine kleine Geschichte« in und mit der politischen Mitte teile und im Licht der heutigen Entwicklungen reflektiere. Nachdem ich von frühester Kindheit an fast mein gesamtes Leben hindurch mit Landwirtschaft zu tun hatte, wird das Agrarische natürlich auch in diesem Buch eine wichtige Rolle spielen.

Dass diese Schwerpunktsetzung über meinen persönlichen Lebenslauf hinaus große Bedeutung hat und zurzeit gerade wieder an Brisanz zunimmt, wird aus der ökologischen, politischen, gesellschaftlichen und wirtschaftlichen Bedeutung der Landwirtschaft in Europa für jedermann klar. An erster Stelle nenne ich die Folgen des Klimawandels, aber auch die Versorgungssicherheit im Gefolge der Corona-Pandemie, die Auswirkungen des Krieges gegen die Ukraine auf den Getreidehandel, die europaweiten Bauernproteste zu Beginn des Jahres 2024 und vor allem auch das noch lange nicht abgeschlossene Ringen um die Ausgestaltung und Umsetzung des »Green Deal«.

Dazu passt, dass ich das erste Kapitel dieses Buches mit einer Erinnerung an meine Bauernarbeit Anfang der 1960er-Jahre beginne. Auch die weiteren Kapitel folgen Städten und Orten in meiner Biografie und spannen ein Netz über Europa, in dem ich das einfangen und beschreiben möchte, was für mich die Kraft der Mitte ausmacht.

KAPITEL 1

ABSAM

DÖRFERSTRASSE 32

Auf einem einbeinigen Melkschemel kann man nur sitzen, wenn man sein Gewicht in der Mitte balanciert. Dafür kann der Schemel jedoch auch auf unebenem Boden oder auf holprigem Terrain eingesetzt werden. Aber in der Zeit, als ich mich jeden Tag um sechs Uhr in der Früh und am frühen Abend wieder auf den Schemel setzen und unsere Kühe melken musste, waren mir solch hintergründige Gedanken keiner Überlegung wert. Ich war 14 Jahre alt und hatte andere, diesem Alter entsprechende Ideen im Kopf. Nachdem mein Großvater krank geworden war, musste ich zu einem guten Teil seinen Platz einnehmen und gemeinsam mit meiner Großmutter unsere Landwirtschaft führen. Mein Schulerfolg hat aufgrund der Früh- und Abendschichten im Stall und den Arbeiten dazwischen auf Feld und Acker zwar kurzfristig gelitten, und ich musste eine Klasse im Gymnasium wiederholen, aber mein weiteres Berufsleben lang habe ich zweifellos von diesem »Praktikum« profitiert. So schnell konnte mir bei landwirtschaftlichen Themen keiner etwas vormachen, denn das Bauernhandwerk habe ich in dieser Zeit von Grund auf gelernt. Ich möchte jedoch nichts verklären. In aller Herrgottsfrühe aufzustehen und sich neben eine Kuh zu setzen, die beim Melken auch bockig sein konnte, oder im Sommer, während die Freunde im Schwimmbad ihre Gaudi hatten, mit dem Heurechen über die Felder ziehen zu müssen, war nicht immer lustig.

Wir lebten damals mit unseren Tieren quasi Tür an Tür. Ging man in das Bauernhaus unserer Großeltern hinein, waren rechter Hand Stube, Küche und ein Lagerraum, links gab es eine Einliegerwohnung und dahinter den Stall für die Kühe und das Jungvieh. Diese Aufteilung des Hauses zwischen Mensch und Tier setzte sich im ersten Stock fort. Rechts waren die Schlafzimmer untergebracht, links, in der Tenne, wurde das Heu für die Wintermonate eingelagert. Bis ich nach meiner Matura ausgezogen bin, habe ich im Zimmer meiner Großeltern geschlafen. Das lag zum einen an den beengten Platzverhältnissen – auch meine Eltern und meine fünf Brüder lebten in dem Haus –, zum anderen war ich der Liebling meiner Großeltern, die mich unter ihren Fittichen halten und aus mir einen leidenschaftlichen Bauern machen wollten.

Der Wunsch meiner Großmutter, dass ich einmal den Hof übernehmen und weiterführen sollte, ist nicht in Erfüllung gegangen. Aber eine sehr gute Basis für ein grundlegendes Verständnis der Landwirtschaft hat mir meine Oma jedenfalls vermittelt. Unsere Landwirtschaft war mit drei Hektar Grund zwar sehr klein, aber gleichzeitig sehr vielfältig, heute würde man sagen, breit aufgestellt. Neben der Milchwirtschaft mit unseren drei, vier Kühen und einem Ochsen als Zugtier hatten wir einen Gemüsegarten, einen Rüben- und Getreideacker und bewirtschafteten eine Obstwiese mit 60, 70 Bäumen. Das Obst trug wesentlich dazu bei, das tägliche Auskommen meiner Großeltern zu sichern, die die begrenzten landwirtschaftlichen Flächen bestmöglich nutzen mussten. Meine Großmutter verfolgte die Geschäftsphilosophie, dass man neben dem Einkommen aus dem Milch- und Viehverkauf auch mit Obst und Gemüse und weiteren Erzeugnissen unseres Hofes, nach dem Motto »Kleinvieh macht auch Mist«, gutes Geld verdienen konnte.

Ich war noch nicht eingeschult, da hat die Oma mich schon auf ihre Fahrten auf den Wochenmarkt in Hall mitgenommen. Einmal hatten wir auch zwei Enten in einem Käfig mit dabei; Oma musste in der Stadt noch etwas erledigen und ließ mich mit dem Federvieh und dem Auftrag, auf die zwei Vögel aufzupassen, zurück. Auf einem Käfig mit zwei Enten sitzend, muss ich Tiroler Dreikäsehoch ein lustiges Bild geboten haben. Auf alle Fälle wurden zwei französische Damen (Tirol war Teil der französischen Besatzungszone) auf mich und meine lebende Ware aufmerksam; und allen Sprachbarrieren zum Trotz waren wir schnell handelseins, und ich verkaufte ihnen die beiden »canards«. Als meine Großmutter zurückkam, staunte sie nicht schlecht, als ich ihr sehr stolz zweimal so viel Geld, wie sie für die Enten verlangen wollte, in die Hand drücken konnte. Die Würstel, die ich daraufhin als Belohnung bekam, waren zweifellos mehr als verdient. Möglicherweise ist hier das mir im Laufe meines Lebens immer wieder zugeschriebene Geschick als Verhandler zum ersten Mal sichtbar geworden. Meine Großmutter war mir in dieser Hinsicht sicher ein Vorbild. Sie war eine dominante Frau, die wusste, was sie wollte und was ihrer Meinung nach zu geschehen hatte; und sie verstand es auch durchzusetzen. Ich erlebte sie als strenge, mir gegenüber aber vor allem liebevolle und herzensgute Oma. Meine Brüder meinen heute noch, ich sei von ihr nicht nur erzogen, sondern auch »verzogen«, im Sinne von verhätschelt worden.

Meine Mutter war ebenfalls eine starke Persönlichkeit, immer wieder ist es deswegen zu Spannungen zwischen den zwei im gleichen Haus lebenden dominanten Frauen gekommen. Meine Brüder und ich haben aber vor allem von den vielseitigen Fähigkeiten und dem starken Charakter der beiden viel gelernt und profitiert. Was meine Mutter und meine Großmutter verbunden hat, war eine tiefe Religiosität, die sie ganz selbstverständlich an uns Kinder weitergegeben haben. Ich bin am 23. September 1946 geboren; neun Monate nach der Heimkehr meines Vaters aus der Kriegsgefangenschaft zu Weihnachten 1945. Das waren genau jene Tage, als Leopold Figl in seiner legendären Radio-Weihnachtsrede nichts Materielles versprechen konnte, keine Kerzen, kein Stück Brot, keine Kohle zum Heizen, kein Glas zum Einschneiden in die Fensterrahmen, sondern seine Landsleute nur bitten konnte: »Glaubt an dieses Österreich!« Heute gilt oft, zu oft das Gegenteil: Wir haben sehr viel, aber der Glaube an Österreich, an Europa erodiert. Figls Nachfolger, Bundeskanzler Julius Raab, hatte ebenfalls recht, als er später sagte, die Aufgabe von Politikern sei es nicht, den Leuten nach dem Mund zu reden, sondern den Menschen zu erklären, was notwendig ist, und sie davon zu überzeugen.

Unsere Familie ist im Laufe der Zeit immer größer geworden, mehr oder weniger in Jahresabständen sind meine Brüder auf die Welt gekommen. An die Taufe von Florian, dem dritten Kind – insgesamt wurden wir sechs –, kann ich mich schon erinnern. Der Grund dafür war, dass solche kirchlichen Anlässe und die katholischen Feiertage bei uns immer wirklich groß gefeiert wurden. Mutter wie Großmutter haben uns auch immer wieder aus religiösen Schriften und Büchern vorgelesen, von Heiligenlegenden bis hin zu Advents- und Weihnachtsgeschichten war da alles dabei. An uns Kinder weitergegeben haben sie jedenfalls die Überzeugung, dass die Religiosität zum Menschsein dazugehört; oder wie es mir meine Mutter, während sie mich auf meine Erstkommunion vorbereitet hat, eindrücklich ans Herz legte: Bei allen Schwierigkeiten, die einem im Leben unterkommen, ist der Glaube das einzige Sicherheitsnetz, das einen immer auffängt.

Wie gut es ist, einen Schutzengel zu haben, ist mir in meiner Kindheit zweimal ziemlich drastisch bewiesen worden. Einmal spannten wir im Obstgarten ein Seil vom Boden auf einen Ast weit oben auf dem höchsten Apfelbaum und bauten mit einer Holzkiste eine Seilbahn. Als Passagier ließen wir Christoph, den viertältesten von uns Brüdern und damals zwei Jahre alt, unser Vehikel testen. Wir hatten das Gefälle unterschätzt, die Holzkiste raste jedenfalls immer schneller werdend zu Boden, kollidierte samt Bruder mit dem Erdreich, und Christoph fiel in hohem Bogen aus der Kiste heraus. Dabei brach er sich einen Arm, aber der Bubenstreich hätte viel schlimmer ausgehen können.

Ein böses Ende hätte beinahe auch eine Almwoche in meinen Ferien zwischen der zweiten und dritten Klasse Volksschule nehmen können. Ich verbrachte mit meinem Großvater und einem Bekannten von ihm eine Woche als Schafhirt auf der Kastenalm nahe dem Isar-Ursprung im Karwendel. Die Absamer Bauern lösten sich zu der Zeit im Wochenrhythmus beim Behirten ihrer Schafe ab. Ich genoss den Almsommer, bis ich plötzlich Bauchschmerzen bekam, die nicht aufhören wollten, sondern im Gegenteil immer heftiger wurden. Mehr, als mir eine Wärmeflasche auf den Bauch zu legen, fiel meinem Großvater dazu nicht ein. Zu meinem Glück kam aber ein deutsches Paar auf einem Motorrad auf die Alm gefahren; die Frau war Krankenschwester, erkannte den Grund für meine Übelkeit, und ich wurde ins Tal transportiert. Keinen Moment zu früh. Blinddarmdurchbruch lautete die Diagnose, eine Notoperation rettete mir das Leben. Als meine Eltern ins Krankenhaus kamen, empfing sie der Arzt mit der halblustigen Begrüßung: »Wenn der Bub fünf Minuten später eingeliefert worden wäre, wärt ihr zu spät gekommen.« So viel zu den Schutzengeln in der Familie Fischler. Wobei an dieser Stelle auch gesagt gehört, dass Peter, mein jüngster Bruder, mit 19 Jahren bei einem Autounfall ums Leben gekommen ist. Ein schwerer Schicksalsschlag für unsere Mutter, die vier Jahre davor bereits ihren Mann, unseren Vater, im Alter von nur 52 Jahren verloren hatte. Aber gerade in diesen Momenten hat meiner Mutter ihr tiefer Glaube sehr geholfen.

Höhepunkte im Jahreslauf waren die Wallfahrten mit meiner Großmutter. Sie hat Wallfahrten geliebt, waren diese doch die einzige Gelegenheit, einmal raus aus dem Arbeitsalltag und woanders hinzukommen. Einmal im Jahr sind wir dann mit ihr nach St. Georgenberg – einem Kloster auf einem Felsen im Karwendel unweit von Schwaz – gefahren oder nach Mariastein im Unterinntal; Omas Lieblingswallfahrt führte uns aber nach Maria Locherboden, im Oberland nahe dem Stift Stams. Die Wallfahrtskirche ragt vor der beeindruckenden Gipfelkulisse der Mieminger Kette auf; uns Buben konnten aber weder das Alpenpanorama noch die Architektur der Kirche, noch der Rosenkranz besonders begeistern, dafür umso mehr der obligatorische Wirtshausbesuch danach. Dass uns bei der Heimfahrt mit dem Zug aufgrund der viel zu schnell hinuntergeschlungenen Würstel schlecht wurde, gehörte ebenfalls zu unserer Wallfahrtstradition wie das Amen zum Gebet.

Der Wallfahrtsort Maria Locherboden gründet auf dem Gelübde eines Bergknappen, der Mitte des 18. Jahrhunderts ein Muttergottesbild am Stolleneingang aufstellen ließ als Dank für seine wundersame Rettung, nachdem der Stollen eingestürzt war, oder – da sind sich die Quellen nicht ganz einig – aus Dankbarkeit, dass ihm bei seiner Arbeit als Knappe nie ein Unglück zugestoßen war.

Auch meine Heimatgemeinde Absam ist vom Bergbau geprägt. Mit der alten Salinenstadt Hall quasi zusammengewachsen, lebte Absam beinahe 800 Jahre lang hauptsächlich vom Salzbergbau und den dazugehörigen Handwerks- und Gewerbebetrieben, von Schmieden über Mühlen bis zu Sägewerken. Die Arbeit im Berg bzw. in den dafür nötigen Zulieferbetrieben war auch der Grund, warum meine Vorfahren, wahrscheinlich im 17. Jahrhundert, aus deutschen Landen im Gefolge von Pest und Dreißigjährigem Krieg nach Tirol geholt wurden oder auf der Suche nach Auskommen hergezogen sind.

Dass Absam aufgrund des Salzbergbaus kein typisches Tiroler Bauerndorf ist, wie es sonst im Unterinntal üblich ist, sondern seit Jahrhunderten von vielen Nebenerwerbslandwirtschaften wie der unsrigen geprägt wurde, hat auch mein Bild von der Landwirtschaft mitgeformt. Hinzu kommt, dass es in Hall und Absam im Unterschied zu anderen tiefschwarzen Tiroler Ortschaften aufgrund des Eisenbahnanschlusses, einer Textilfabrik und anderer Industriebetriebe schon früh auch ein sozialdemokratisches Milieu gegeben hat. SPÖ-Mandatare in der Gemeindevertretung waren bei uns gang und gäbe, und ich kann mich nicht erinnern, dass bei uns zu Hause jemals abfällig über »die Roten« geredet wurde. Wobei aber schon immer klar war, dass das »die anderen« sind. Anstelle eines Maiaufmarschs haben die Sozialisten bei uns jedes Jahr von Hall aus einen Radkorso veranstaltet und sind zu meiner großen Freude mit ihren bunt geschmückten Fahrrädern auch an unserem Haus vorbeigefahren. Wir hatten auch einen kommunistischen Nachbarn. Mit dem ist mein Großvater oft auf der Bank neben unserer Stalltür gesessen, und die beiden haben diskutiert, wobei es zuweilen durchaus auch laut und kontrovers zugegangen ist. Das änderte nichts daran, dass sie mit ihrer jeweils anderen Meinung friedlich auseinandergehen und sich bald darauf wieder zusammensetzen konnten. Ich kann mich noch gut an das Bild dieser beiden alten Männer auf unserer Stallbank erinnern. Wahrscheinlich deshalb, weil der Kontrast zu heute nicht größer sein könnte, wo man zwischen den politischen Lagern vor allem über die (un-)sozialen Medien Vorwürfe und Gehässigkeiten austauscht und das klärende, die Meinungen der anderen zumindest hörende »Gespräch der Feinde«, wie es Friedrich Heer nannte, keinen Wert mehr hat.

Null Toleranz zeigte meine Familie jedoch gegenüber den Nationalsozialisten. Maßgeblicher Auslöser für deren Totalopposition gegen das Nazitum war die erzkatholische Prägung meiner Großeltern und Eltern. Da war sowohl mütterlicher- als auch väterlicherseits kein Platz für auch nur einen Millimeter Verständnis für die Nazis. Was durchaus auch Folgen hatte. Der Vater meiner Mutter ist im Ersten Weltkrieg als junger Freiwilliger zur k.u.k. Kriegsmarine eingerückt, war in Pola, dem heutigen Pula in Kroatien, stationiert und auf einem der ersten U-Boote, die es überhaupt gegeben hat, im Einsatz. Nach Kriegsende 1918 wechselte er zum österreichischen Bundesheer und wurde »Spieß« der Klosterkaserne in Innsbruck. Nach der Machtübernahme beförderten ihn die Nazis vom Vizeleutnant (der höchste Dienstgrad für Unteroffiziere im Bundesheer, den es in der Wehrmacht nicht gegeben hat) zum Oberleutnant. An seiner Ablehnung gegenüber den neuen Machthabern änderte diese Beförderung zum Offizier aber nichts. Nach einer Riesen-Auseinandersetzung mit dem NSDAP-Ortsgruppenleiter in Absam, bei der mein Großvater ihn und seine Partei alles Mögliche geheißen hat, wurde er mit Schimpf und Schande aus dem deutschen Heer entlassen. Dieser Abgang ohne Ehren ersparte ihm den Fronteinsatz, und er brauchte sich danach nicht mehr zu verdrehen, denn spätestens von dem Tag an war er als Anti-Nazi punziert.

So wie mein Großvater väterlicherseits, der mit Geburtsjahrgang 1890 und als Bauer nicht zum Kriegsdienst eingezogen wurde; der kümmerte sich lieber um die Behebung alltäglicher Nöte im Dorf als um die Einhaltung der Parteilinie, indem er zum Beispiel während des Kriegs für Bekannte Schweine »schwarz« schlachtete oder sich auf andere Weise bei landwirtschaftlichen Problemfällen wie einer kranken Kuh mit Rat und Tat behilflich zeigte. Im krassen Gegensatz dazu stand eine besonders eindrückliche Erzählung meiner Großmutter, mit der sie mir die menschenverachtende Ideologie des Nationalsozialismus vor Augen führte. Die systematische Tötung von geistig und körperlich behinderten Menschen, beschönigend »Euthanasieprogramm« genannt, wurde auch in der Landesirrenanstalt, wie sie damals geheißen hat, in Hall praktiziert. Mehrmals konnten meine Großeltern beobachten, wie Nachts auf dem Haller Friedhof die Leichen von Patienten aus dem Psychiatrischen Krankenhaus des Landes in Hall verscharrt wurden. Das Beispiel zeigt, dass die Bevölkerung sehr wohl von den Verbrechen der Nationalsozialisten im Hinterland Bescheid wusste – auch wenn das viele Jahrzehnte lang in Abrede gestellt wurde und auch heute noch von den neuen Ewiggestrigen geleugnet wird.

Im Absam der 1930er-Jahre gab es einen jungen Geistlichen namens Karl Knittel, der mit Theater- und Tanzgruppen und anderen gemeinschaftlichen Freizeitaktivitäten einen regen Zulauf aus der Jugend des Ortes auslöste. Bei der Gelegenheit lernten sich meine Eltern kennen und lieben; geheiratet wurde bei einem Fronturlaub meines Vaters 1944. Aus der katholischen Jugendbewegung kommend, war die »Hitlerei« für beide nie eine Option. Von meiner Mutter weiß ich, dass sie entgegen der Weisung ihrer Schulleitung nicht zum triumphal aufgezogenen ersten Führer-Besuch in Innsbruck gegangen ist. Die nationalsozialistische Ablehnung von Kirche und Glaube, die sich in vielen Kirchenaustritten manifestierte, war ihr ein Gräuel. Mit Abscheu erzählte sie uns Kindern, dass sich die Nazis im Franziskanerkloster von Hall an den Sakramentsgefäßen vergriffen und mit den Messkelchen Gelage gefeiert hatten.

Mein Vater wurde 1938 als Neunzehnjähriger in die Wehrmacht eingezogen und kam 1940 nach der deutschen Besetzung Norwegens in den äußersten Norden an die Eismeerfront, im Frontabschnitt zwischen der Fischerhalbinsel an der Barentssee und Murmansk, beides im heutigen Russland gelegen. Auf dem Rückzug ab Herbst 1944 sind sie den ganzen Weg vom Eismeer bis nach Dänemark zu Fuß gegangen; in weiterer Folge kam mein Vater im Elsass in französische Kriegsgefangenschaft. Mit seiner Berufserfahrung aus der Landwirtschaft dauerte es nicht lange, und er wurde von einem elsässischen Bauern in Dienst gestellt. In diesem Haus gab es eine fesche Tochter, und mein Vater erzählte später, wohl auch um meine Mutter zu necken: Wäre er nicht schon mit ihr verheiratet gewesen, wäre er vielleicht sogar in Frankreich geblieben. Diese Episode blieb aber eine der wenigen Erinnerungen aus den Kriegsjahren, die der Vater mit uns geteilt hat. Ansonsten hat er nie über diese Zeit gesprochen. Dass ihn der Krieg aber sein Leben lang nicht mehr losgelassen hat, konnten wir Kinder mitkriegen, wenn er während des Mittagsschlafs auf dem Diwan in der Stube aus seinem Traum aufschreckte und sich wild gestikulierend in einem russischen Angriff wähnte. Ein Erlebnis, das mir damals schon zeigte, wie schlimm der Krieg sein musste, wenn ein gestandener Mann auch Jahre danach immer noch von Albträumen aus dieser Zeit heimgesucht wurde. Verständlich, dass für die Menschen der Kriegsgeneration und uns Nachkriegskinder das Friedensversprechen des gemeinsamen Europas einen anderen Wert hat als für die Nachgeborenen. Aber auch wenn ich die Notwendigkeit neuer, positiver und überzeugender Narrative für die Europäische Union als unerlässlich erachte, an meinen Vater denkend, werde ich die Verdienste dieser Friedensunion seit 1945 niemals geringschätzen.

KAPITEL 2

HALL, GYMNASIUM DER FRANZISKANER

KATHREINSTRASSE 6

Hall war seit dem ausgehenden 12. Jahrhundert Sitz der Saline und einer der wichtigsten Marktplätze Tirols. Das Salz wurde mit Wasser im Berg gelöst und dann als Sole in einer Holzrohrleitung nach Hall geleitet. In der dortigen Saline wurde die Sole in riesigen Sudpfannen eingedampft und so das weiße Gold, wie das Salz damals genannt wurde, gewonnen. Zum Heizen der Sudpfannen wurden große Mengen an Holz gebraucht, das flussaufwärts hauptsächlich in den Seitentälern des Inntals geschlägert und in Hall mit einem Holzrechen, der quer über den Inn gebaut war, aufgefangen wurde. Diese Flusssperre machte Hall gleichzeitig zum Endhafen für die Handelsschifffahrt auf dem Inn und weiter in die Donau. Auch meine ersten Erinnerungen an unsere Nachbarstadt sind, wie im vorigen Kapitel beschrieben, mit Markttagen in Hall verbunden. Nicht weniger erfreulich waren meine dortigen Einsätze als Ministrant. Von der katholischen Prägung meines Elternhauses habe ich erzählt. Zu dieser Erzählung gehört auch, dass meine Tante, die Schwester meines Vaters, in der Kongregation der Barmherzigen Schwestern vom heiligen Kreuz in Hall Schwester war und später Oberin der Ordensprovinz der Kreuzschwestern wurde. Ich war noch keine sechs Jahre alt, da habe ich schon ministriert. Zu den Höhepunkten meines Messdienstes gehörten dabei die Festgottesdienste an den hohen kirchlichen Feiertagen. Neben Glanz und Gloria sowie einem guten Essen wurden wir Ministranten jedes Mal mit einer silbernen 25-Schilling-Münze, die im Laufe der Jahre auf einen silbernen 50er verdoppelt wurde, belohnt. Da wir ansonsten sehr bescheiden aufgewachsen sind, ließen diese Silberlinge unsere Bubenherzen natürlich höherschlagen.

Dazu passt auch noch eine Geschichte aus meiner Ministrantenzeit in der Absamer Kirche, die seit einer Marienerscheinung in der Zeit der Napoleonischen Kriege zu einer von weither besuchten Wallfahrts- und sehr beliebten Hochzeitskirche geworden ist. Im Volksmund wurde Absam damals die »Heiratsfabrik von Tirol« genannt, und im Marien- und Heiratsmonat Mai, rund um Pfingsten herum, fanden da an einem Samstag bis zu zehn oder zwölf Hochzeiten statt. Vor allem für notgedrungen Schnellentschlossene, bei denen sich unter dem Hochzeitskleid der Braut bereits der Nachwuchs abzeichnete, war Absam mit seinen aufgrund des großen Andrangs gruppenweise erfolgenden Trauungen eine beliebte Heiratsadresse. Damit das Heiraten rund und harmonisch ablief, brauchte es Ministranten. Da kam dann der Mesner, der gleichzeitig Vizebürgermeister von Absam war, einfach am Samstagvormittag in unsere Schulklasse und rekrutierte uns zum Ministrieren. Wenn ich ausgewählt wurde, rieb ich mir schon die Hände, nicht nur weil dann der Unterricht für mich früher zu Ende war, sondern auch weil die Assistenz bei den Trauungsandachten von den Brautpaaren bzw. ihren Trauzeugen meist mit gutem Trinkgeld belohnt wurde.

Mit der Zeit waren Pfarrer, Mesner und wir Ministranten ein eingespieltes Team. Wenn der Priester, ein hochnervöser Mann, seine immer gleiche Predigt hielt und aus irgendeinem Grund stockte, konnten wir ihm wie Theatersouffleure mit den passenden Stichworten weiterhelfen. Die Brautpaare saßen nebeneinander aufgefädelt in der ersten Kirchenbank. Der wie gesagt nervöse Pfarrer war immer sehr bedacht, dass die Trauringe der Reihe der Brautpaare entsprechend auf einem silbernen Tablett aufgelegt waren, damit es zu keinen Verwechslungen kommen konnte. Nach der Segnung der Eheringe mit Weihwasser und dem Eheversprechen musste ich den Teller mit den Ringen zu den Brautpaaren tragen, damit sie sich diese gegenseitig anstecken konnten. Da passierte es. Ich verhaspelte mich in einer Teppichfalte, stolperte die drei Stufen vom Altar zu den Kirchenbänken hinunter, und die Ringe flogen in hohem Bogen kreuz und quer durch die Kirche. Das daraufhin einsetzende Gewusel von einem Dutzend Brautpaaren und noch einmal so vielen Trauzeugen, die am Kirchenboden und unter den Bankreihen auf der Suche nach ihren Ringen herumrutschten, war schrecklich und komisch zugleich. Der Herr Pfarrer war außer sich, und ich bekam mein Fell ab. Schließlich fanden die Paare aber ihre Ringe wieder zusammen und hatten jedenfalls auch ein Thema für alle kommenden Hochzeitstage, über das sie gemeinsam lachen konnten.

Schulische Sternstunden im Gymnasium der Franziskaner gibt es keine zu berichten. Ich war ein mittelmäßiger Schüler, kam aber bis auf eine Klasse am Ende der Unterstufe, als ich mich mehr um das Fortkommen unserer Landwirtschaft als um meinen Schulerfolg kümmern musste, immer gut durch. Meine Großmutter hatte anfangs nicht viel Freude damit, dass ich eine höhere Schullaufbahn einschlug, wollte sie doch aus mir einen Bauern machen. Da das Gymnasium aber auch den Weg ins Priesteramt eröffnen kann, versöhnte sie mit meiner Entscheidung, die vor allem von meiner Mutter ausging, aber auch meine Tante freute. In der Klassengemeinschaft fühlte ich mich immer wohl, was wohl auch daran lag, dass ich meine Rolle als Ältester von sechs Brüdern und Alpha-Tier auch in der Schule fortsetzte. Zu meiner Zeit gab es noch riesige Klassen, in meiner ersten Klasse waren wir 56 Schüler. Das Klima unter uns Schülern war solidarisch, aber auch klar hierarchisch, was in gewisser Weise auch das Verhältnis zu unseren Lehrern widerspiegelte. Unterrichtet wurden wir ausschließlich von Patres, unter denen es eine Art von militärischer Rangordnung gab. General war der Pater Direktor, der nach seiner Ernennung mit Pater Hofrat angesprochen werden musste. Dass wir Schüler uns über derartige Eitelkeiten lustig machten und mit Spott nicht hinter dem Berg hielten, brachte mir in der achten Klasse eine Karzerstrafe ein, sprich, ich musste drei Stunden einsitzen. Den Anlass dafür lieferte ich, als ich für den gerade unterrichtenden Geschichtsprofessor Pater Florentin leider noch hörbar die Kurzbezeichnung des Franziskanerordens, OFM – für Ordo Fratrum Minorum –, als »Orden der minderwertigen Brüder« übersetzte.

Die meisten Patres waren im Unterricht zwar streng, und es herrschte ein autoritärer Ton, aber in ihrer Beurteilung waren sie gerecht. Anders, nämlich um einiges schwieriger, war das Leben für die Internatsschüler im zur Schule gehörenden Schülerheim Leopoldinum. Ich habe heute noch Freunde, die mit allem, was katholisch ist, gebrochen haben, weil sie die Schläge, die sie im Internat erhielten, nie mehr wegstecken konnten. Wenn jemand mit 14 Jahren nur gehorchen muss und selten Verständnis und Nachsicht findet, verursacht das Brüche für das gesamte Leben. Wahrscheinlich hätte ich nicht bis zur Matura durchgehalten, wenn ich damals im Heim hätte schlafen müssen. Gott sei Dank war mein Elternhaus in Absam nur zwanzig Minuten Fußweg von der Schule entfernt.

Insgesamt haben wir bei den Haller Franziskanern eine solide Ausbildung genossen. Rückblickend gesehen, vor allem wenn man meinen späteren Berufsweg auf europäischer Ebene einbezieht, hatte die humanistische Ausrichtung der Schule den Vorteil, dass wir systematisch denken lernten, aber auch den großen Nachteil, dass wir kaum lebende Fremdsprachen erlernten. Ab der ersten Klasse hatten wir Latein, ab der dritten Altgriechisch. Französischunterricht gab es an der Schule nicht. Englisch lernten wir bei einem Professor, der stolz darauf war, in seinem ganzen Leben in keinem englischsprachigen Land gewesen zu sein. Dementsprechend lief auch sein Unterricht auf Deutsch ab. Man kann sich leicht vorstellen, was wir da gelernt haben: absolut nichts. Insofern war mein größtes Bedenken, als es um die Frage meiner Berufung zum EU-Kommissar ging, wie ich die sprachlichen Hürden meistern würde. Als feststand, dass ich nach Brüssel gehe, habe ich dann einen mehrwöchigen Crashkurs in Englisch auf Malta besucht. Und in meinen ersten zwei Jahren in Brüssel hatte ich einmal pro Woche einen Sprachlehrer zur Verfügung, um mein Englisch zu verbessern. Ständig von englischsprachigen

Menschen umgeben, konnte ich mein Manko aus der Schulzeit aber bald ausbügeln und hatte nach einiger Zeit kein Problem mehr, auf Englisch Vorträge zu halten oder Interviews zu geben. Die wichtigste Sprechregel im EU-Sprachenbabylon ist sowieso, langsam zu sprechen, damit die Dolmetscherinnen und Dolmetscher nicht außer Tritt geraten, und das fiel mir nie schwer.

Leicht ist mir von Jugend an auch immer gefallen, ausreichend viel Geld zu verdienen, um mir damit eine gewisse Unabhängigkeit zu sichern. Mir mein Taschengeld selber zu verdienen hat, wie bereits geschildert, mit dem Ministrieren angefangen. Andere Hilfsdienste folgten: Ich verdiente mir mit selbst gebundenen Adventkränzen etwas dazu oder malte Küchen aus und half beim Hausbau. Von meinem 15. Geburtstag an arbeitete ich in den Sommerferien. Bei meinem ersten Ferialjob hatte ich Grenzsteine im Akkord einzugraben; den Sommer darauf half ich bei einem Ofensetzer; dann arbeitete ich einen Sommer lang bei den Glasöfen im Swarovski-Werk in Wattens und im Sommer danach als Gehilfe in der Maschinenbaufirma Felder. So gelang es mir, mit 16 Jahren der erste Schüler in der Geschichte des Franziskanergymnasiums zu sein, der sich ein Moped leisten konnte. Der Pater Direktor rümpfte darüber nur die Nase. Wohl vor allem auch, weil mein ganzer Stolz zweisitzig war, was sich in weiterer Folge angesichts meines zunehmenden Interesses am anderen Geschlecht als sehr hilfreich beim Knüpfen erster zarter Bande herausstellen sollte.

Nachdem das Franziskanergymnasium eine reine Bubenschule war, mussten wir andere Möglichkeiten finden, um mit Mädchen in Kontakt zu kommen. Eine Gelegenheit dazu bot die Studentenverbindung, in die ich mit 16 Jahren so wie viele andere »Stucker«, wie wir Gymnasiasten in Hall genannt wurden, eingetreten bin. Meine Verbindung war die »Sternkorona Hall«, die zweitälteste Verbindung im Mittelschüler-Kartell-Verband Österreichs (MKV), gegründet 1888. Bald wurde ich Fuchsmajor und dann Senior, wie die höheren Chargen in den Verbindungen heißen. Wir organisierten Vorträge, Feiern, Ausflüge unter anderem nach Südtirol, hie und da auch Kränzchen, einmal sogar eine Tanzparty an einem Samstagnachmittag. Letztgenannte war in den Augen des Paters Direktor nahezu ein Skandal. Dabei war alles hochoffiziell und die Party-Time streng auf 16 bis 19 Uhr begrenzt. Der eigentliche Grund, dass die Veranstaltung von der Schule nicht gern gesehen wurde, war unsere Idee, eine Mädchenklasse aus der Handelsschule in Innsbruck einzuladen. Die Party wurde ein großer Erfolg, wenn auch die drei Stunden schnell um waren. Alles lief um vieles harmloser ab, als unser Pater Direktor vermutete. Der begrüßte uns nämlich zu Schulbeginn am darauffolgenden Montag mit ernster Miene und dramatischer Wortwahl: »Ihr braucht mir gar nichts zu sagen, ich weiß alles!«, meinte er. Meine Mutter hatte zu solcherart Vergnügen oder wenn meine Haare länger wuchsen, als es der gesellschaftlichen Norm entsprach, eine klügere Meinung: »Er muss sich halt ausspinnen«, lautete ihr Kommentar.

Neben den geselligen Veranstaltungen gab es in unserer Verbindung auch Diskussionsabende zu politischen und religiösen Themen. Dabei lernte ich, Veranstaltungen zu planen und durchzuführen und Diskussionen zu leiten. Und hier erlebte ich zum ersten Mal, was es heißt, einen offenen und zuweilen auch recht kontroversen Austausch unterschiedlicher Argumente zu pflegen. Zum Beispiel, wenn wir mit Patres, von denen manche auch Verbindungsmitglieder waren, über den Kirchen- und Gesellschaftskurs des extrem konservativen damaligen Innsbrucker Bischofs Paulus Rusch debattierten. Damals wusste ich noch nicht, dass ich diese Diskussionen in der Katholischen Hochschulgemeinde in Wien auf einem weit höheren Niveau fortsetzen und schätzen lernen würde. So kann ich rückblickend sagen, dass mich, ausgehend von meinem Elternhaus, das Thema Glaube und Religion auch während meiner Schul- und Studienzeit begleitete, mir gleichzeitig aber auch die Gelegenheit geboten wurde, mein eigenes Bild von Kirche und Gesellschaft zu formen. Konstitutiv für beides ist für mich die Ablehnung jeder Engführung und stattdessen die Betonung von Weite und die Verortung meiner eigenen Position in der Mitte.

1966 schaffte ich meine Matura ohne nennenswerte Probleme. Eltern und Großeltern machte ich damit eine große Freude, die Matura war damals ja noch keineswegs selbstverständlich. Meine Familie war sehr stolz auf den Schulabschluss des Ältesten, und meine Mutter war froh, dass sich ihre Voraussage nicht bewahrheitet hatte: »Wenn du diese Schule nicht fertig machst, wirst du als Straßenkehrer enden.«

KAPITEL 3

WIEN, KATHOLISCHE HOCHSCHULGEMEINDE

EBENDORFERSTRASSE 8

Der Präsenzdienst beim Bundesheer war für mich hauptsächlich ein körperliches Fitnessprogramm. Meine Einheit war die Granatwerfergruppe einer Jägerkompanie, das heißt, wir pirschten und marschierten so viel und so weit wie die Infanteristen, hatten jedoch zusätzlich noch die schweren Teile unserer Granatwerfer mitzuschleppen. Von einem kollegialen, wertschätzenden oder positiv aktivierenden Führungsstil konnte damals im Bundesheer keine Rede sein, sondern die Befehlskette von oben nach unten war von Zynismus bis hin zum Sadismus beherrscht. Dass einer meiner Bergfreunde damals nach sechs Wochen beim Bundesheer aus dem Fenster sprang, spricht Bände. So viel zu jenen, die diese damals im ganzen Land bekannten und geduldeten Schikanen als Teil »der guten alten Zeit« verklären. Ich bin jedenfalls mit dem Glücksgefühl wieder abgerüstet: Mich haben sie nicht gebrochen!

Meine Bundesheerzeit gab mir auch Gelegenheit, länger über meinen künftigen Berufsweg nachzudenken. Doch bald reifte in mir der Entschluss, ein Studium anzufangen. Dabei war die Fachrichtung Landwirtschaft keine ausgemachte Sache. Auch Handelswissenschaften oder Jus hätten mich gereizt, doch für die erste Fachrichtung konnte ich zu wenig bzw. die falschen Sprachen, und bei der zweiten störte mich das trockene Beamtendasein, das ich mit der Juristerei verband. Blieb die Universität für Bodenkultur in Wien, an der ich schließlich inskribierte. Gegen den Rat von Freunden, die mir München mit den Argumenten schmackhaft machen wollten, dass es näher und lustiger sei. Doch ich war auch auf ein Stipendium angewiesen, und ein solches wurde damals für Studien im Ausland nicht gewährt. Im Nachhinein betrachtet war Wien eine gute Entscheidung. Ich wollte sowieso weg aus meinem (Inn-)Tal, und lustig wurde es in Wien auch. Wenn ich zurückdenke, mit welchem Bild von Landwirtschaft ich damals mein Studium begonnen habe, lässt sich das wohl in dem Fazit zusammenfassen: Im Agrarsystem ist der Wurm drin! Familiär bedingt habe ich mir auch darüber Gedanken gemacht, wie die Landwirtschaft in unserem Dorf und darüber hinaus in Tirol besser funktionieren könnte. Es war ja offenkundig, dass die Kleinbauern immer weniger von den Erträgnissen ihrer Landwirtschaft leben konnten, gleichzeitig aber keinen Rat wussten, wie man die Situation ändern könnte.

Überrascht haben mich zu Beginn des Studiums vor allem zwei Dinge: erstens die Vielzahl an Fächern, angefangen von den naturwissenschaftlichen Grundlagenfächern über die agrarischen Produktionsfächer bis hin zu wirtschaftlichen und rechtlichen Fächern und zur Agrarpolitik. Angesichts dieser Vielfalt konnte man in die einzelnen Fächer nicht viel mehr als hineinschnuppern und die wesentlichen Inhalte lernen. Unser Chemieprofessor, Heribert Michl, hat jedoch für diese Art von Generalstudium eine Lanze gebrochen, wenn er sagte: »Es ist immer noch besser, über alles nichts zu wissen als über nichts alles.« Zweitens habe ich das Studium für zu leicht befunden. Das war dann wohl auch einer der Gründe, warum ich nach Abschluss des Ingenieurstudiums noch ein Doktoratsstudium anhängte.

Gut fünfzig Jahre nachdem meine Mutter ihren Buben mit Tränen in den Augen das erste Mal am Bahnsteig in Innsbruck verabschiedet hatte und ich in den Zug nach Wien gestiegen bin, kann ich sagen, dass sich meine Erwartungshaltung erfüllt hat. Ich habe an der BOKU angefangen, Landwirtschaft neu zu denken und habe mit diesem Neudenken bis heute nicht aufgehört. Zudem konnte ich einiges von dem Gedachten auch auf verschiedenen Ebenen umsetzen.

Als meine geistig-intellektuelle Heimat in Wien würde ich aber nicht die BOKU, sondern die Katholische Hochschulgemeinde (KHG) bezeichnen. Mein Studium hat mich zwar von Anfang an interessiert, gerade die Grundlagenfächer Physik, Chemie, Botanik, Geologie, Bodenkunde und Mathematik hatten es mir angetan. Intellektuell bot mir aber die KHG ein viel weiteres Feld, zumal dort zu der Zeit immer wieder geistige und geistliche »Kapazunder« zu Gast waren, wie der Kulturhistoriker, Schriftsteller und Österreich-Erklärer Friedrich Heer oder Monsignore Otto Mauer, der Gründer der Galerie nächst St. Stephan, wo österreichische Künstler wie Oswald Oberhuber, Josef Mikl, Arnulf Rainer oder Maria Lassnig ein erstes Forum fanden, das aber auch international zum Beispiel mit der Ausstellung von Werken von Joseph Beuys ausstrahlte. Obwohl ich ein humanistisches Gymnasium besucht hatte, wurde uns dort nur wenig

Zugang zur Kultur vermittelt. Ich habe diesen aber umso mehr während meines Studiums in Wien gefunden und begonnen, mich für Literatur und bildende Kunst zu interessieren. Auch die rigide, hierarchisch geprägte und gleichzeitig sehr engstirnige Art von Katholizismus, die ich bei den Franziskanern in meiner Schule vermittelt bekommen habe, hat mich immer weniger angesprochen. Die KHG hingegen bot mir in beiderlei Hinsicht, sowohl was Kultur als auch was Religion betraf, ein völlig anderes und mir viel sympathischeres Erfahrungsumfeld. Im Nachhinein sehe ich dort auch bereits einen interdisziplinären Zugang verwirklicht, der mich zeitlebens faszinierte und bereicherte. Da traf man zum Beispiel neben den oben Genannten den im April 2024 verstorbenen Biochemiker und späteren Wissenschaftsminister Hans Tuppy genauso wie Kurt Schubert, den Doyen der österreichischen Judaistik, oder H. C. Artmann oder den späteren Moraltheologen an der Uni Wien, Günter Virt, oder den von Kardinal Franz König wegen seiner Bücher »Jesus in schlechter Gesellschaft« oder »Tod und Teufel« vom Priesteramt suspendierten späteren »Club 2«-Moderator Adolf Holl. Journalisten wie Günther Nenning oder Trautl Brandstaller, die damals gesellschaftliche Debatten anstießen, gingen ebenfalls in der Ebendorferstraße aus und ein.

Aber an vorderster Stelle zu nennen ist Prälat Karl Strobl, der Gründer und langjährige Leiter der KHG Wien. Auf ihn gehen nicht nur die Gründung der Hochschulseelsorge und der Katholischen Aktion in Österreich zurück, sondern Strobl initiierte auch im Gedenken an seinen Freund und Mitstreiter den »Otto-Mauer-Fonds« und den »Otto-Mauer-Preis«, eine nach wie vor bedeutende Auszeichnung österreichischer Nachwuchskünstler. Ein Witz, den Strobl gern erzählt hat, der viel über das Selbstverständnis von ihm und seinesgleichen verrät, geht so: »Treffen sich zwei Politiker auf der Kärntner Straße. Sagt der Strobl zum Mauer …« Diese (kirchen-)politische Einstellung zeigten Strobl und Mauer auch bei der Gründung der Katholischen Aktion, des Dachverbands aller katholischen Laienverbände, angefangen von der Jungschar über Katholische Jugend, Hochschuljugend, Katholische Frauen-, Männer-, Arbeiterbewegung und mehr bis hin zum Katholischen Akademikerverband. Eine Erinnerung an Strobl ist auch historisch interessant und zeigt, wie Kirchenpolitik ganz konkret betrieben wurde: Als es nach dem Zweiten Weltkrieg darum ging, die Laienbewegung wieder aufzubauen, versuchten diverse Gruppen aus dem Cartellverband (CV), diese unter ihre Fittiche zu nehmen. Strobl und Mauer waren damit nicht einverstanden und erstellten daraufhin ein anderes Konzept. Dann nutzten sie ihre guten Beziehungen zum Sekretär von Kardinal Theodor Innitzer, der das Strobl-Mauer-Papier vorne in die Unterschriftenmappe für den Kardinal legte, und als Innitzer weiter hinten zum Unterschreiben des vom CV inspirierten Plans für die Organisation der Katholischen Laien gekommen ist, erklärte ihm der Sekretär: »Eminenz, ich möchte Sie nur darauf aufmerksam machen, Sie haben zu diesem Thema bereits ein Konzept für die Katholische Aktion unterschrieben. Das hier ist eigentlich das gleiche Konzept, nur von anderen Leuten.« Woraufhin der Kardinal sagte: »Ach so, ja dann lassen wir das …« So wurde die Katholische Aktion in der Ausrichtung Strobl und Mauer gegründet.

Dieser Erinnerung kann ich ein Treffen während meiner Zeit als KHG-Vorsitzender mit Innitzers Nachfolger, Kardinal

Franz König, hinzufügen. Als Josef Todt kurzfristig als KHG-Seelsorger abberufen und zum Regens des Wiener Priesterseminars bestellt wurde, hatte ich die Idee, diesen Aderlass für die Hochschulgemeinde mit einem Ansuchen um mehr Fördermittel für die KHG zu verbinden. Mein Vorschlag wurde sofort angenommen, und es wurde um einen Gesprächstermin bei Kardinal König angefragt. Davor gab es noch eine Vorbesprechung, wo die Hochschulseelsorger sehr konkret und sehr deutlich ihre Forderungen formulierten. Beim Treffen mit dem Herrn Kardinal war aber von den geistlichen Herren weder Konkretes noch Deutliches zu hören, keiner machte den Mund auf. Daraufhin erklärte ich dem Kardinal anhand eines vorbereiteten Papiers, warum wir dies und jenes für den Ausbau der KHG bräuchten. König nickte einen Punkt nach dem anderen ab; als alles durchgesprochen war, bedankte ich mich für sein Verständnis, wurde dann aber ein wenig vorlaut und fragte, ob wir die Zusagen auch schriftlich haben könnten. Die Seelsorger fingen an, nervös auf ihren Sesseln herumzurutschen, aber König schmunzelte nur über meinen übertriebenen Verhandlungseifer und sagte zu mir: »Na ja, im Großen und Ganzen können Sie einem Kardinal schon vertrauen.«

Dass ich überhaupt bei der Katholischen Hochschulgemeinde »andockte«, war nicht selbstverständlich. Aus der Tiroler MKV-Verbindung »Sternkorona« kommend, wäre eigentlich die logische Fortsetzung für mich der Beitritt in eine CV-Verbindung gewesen. Aber mir hat die KHG-Parole, Erfolg durch Leistung und nicht durch Beziehung, von Anfang an gut gefallen. Mich ärgerte damals schon, wenn Leute glaubten, dass sie mithilfe von Protektion etwas erreichen könnten. Und noch mehr hat es mich geärgert, wenn diese

Einstellung dann auch noch belohnt wurde. In Abgrenzung dazu hat sich bei mir während der Studienzeit die Einstellung verfestigt: Leistung zu bringen und Leistung zu verlangen. Aber nicht nur im Sinne von Gewinnmaximierung, nicht im Sinne von wirtschaftlicher Leistung, sondern eher im Sinne von intellektueller Herausforderung.

Ich habe nicht verstanden, dass es Kommilitonen gegeben hat, die sich noch damit rühmten, dass sie während des ganzen Studiums nie in der Staatsoper waren, oder dass am Ende des Studiums, als man mit einem Schein bestätigen musste, alle ausgeliehenen Bücher wieder in der Universitätsbibliothek abgegeben zu haben, Kollegen kamen und fragten, wo die Bibliothek denn überhaupt untergebracht sei. Ich setzte mich schon als Student dafür ein, dass das BOKU-Studium strenger werden sollte. Die intellektuelle Herausforderung war zu meiner Zeit noch sehr ausbaufähig.

Man muss es ja nicht auf die Spitze treiben wie genannter Prälat Strobl, von dem ich mir aber sicher eine gewisse Dialektik abgeschaut habe. Eines der lustigsten Beispiele dafür lieferte Strobl in seinem Heimatort Poysdorf, von wo er aus einer Weinbauernfamilie stammte. Zu Pfingsten hielt er einmal in der dortigen Pfarrkirche eine feierliche Messe für das Poysdorfer Pfarrvolk, zu der er auch seine Seelsorger-Kollegen aus den anderen Hochschulorten einlud. Er hielt eine lange Predigt über die »hypostatische Union« – ein Schmankerl für theologische Feinspitze, geht es dabei doch um die intellektuelle Durchdringung des Mysteriums, wie der Gottessohn eine menschliche Natur annahm und ganz Mensch wurde, zugleich aber ganz Gott blieb. Als Strobl nach der Messe von einem Kollegen gefragt wurde, ob er glaube, die Leute hätten diese hohe Theologie verstanden, antwortete er: »Nein, das glaube ich nicht, aber ich habe mir gedacht, die sollen auch einmal etwas Gescheites hören.«

Was Strobl im Jahr 1968 dann von den Studierenden »seiner« Wiener KHG zu hören bekam, stellte ihm die Haare auf. Auslöser für die Differenzen war eine Grundsatzdiskussion über die Ausrichtung der KHG. Strobl war besorgt wegen des aufmüpfigen Kurses in der Wiener Ebendorferstraße. Dort haben wir im Geiste der 68er-Bewegung mit dem Marsch durch die Institutionen sympathisiert. 1971 eskalierte die Auseinandersetzung über die Frage, wie politisch die KHG sein sollte, bei einer Veranstaltung anlässlich des 25. Geburtstages der KHJÖ. Meine Anmoderation, um die Diskussion zu beginnen, enthielt die Kritik, die Hochschuljugend sei unpolitisch, müsse sich mehr engagieren und sich mehr in Kirche, Politik und Gesellschaft einmischen. Das war starker Tobak für die honorige Feierrunde mit unseren Altmitgliedern. Danach war Prälat Strobl entsprechend sauer auf mich. »Du hättest deinen Kommentar zur Politik noch schärfer formulieren sollen«, kritisierte mich hingegen der ebenfalls anwesende Erhard Busek. Worauf Strobl, als er davon erfuhr, grantelte: »Ja, der Busek, der ist auch nicht gescheiter.« Busek, der Erfinder der Grätzelpolitik, späterer ÖVP-Obmann und Vizekanzler, war als Student ebenfalls Mitglied in der KHG gewesen.

Ende der 1960er-Jahre begannen auch Buseks erste Kontaktaufnahmen über den Eisernen Vorhang hinweg mit Dissidentenkreisen im Ostblock. Auch wir unternahmen zu meiner Zeit diesem Geiste folgend Reisen in die Tschechoslowakei und die DDR. Unsere Ziele waren Prag, Dresden, Leipzig und Berlin. Ab der Grenze wurden wir von uns zugeteilten Reisebegleitern nicht mehr aus den Augen gelassen. Dennoch gelang es uns, verbotene Literatur, von Solschenizyn bis zu modernen theologischen Werken – das Zweite Vatikanische Konzil war ja gerade erst vorüber –, einzuschmuggeln, und das Interesse an westlicher Literatur war groß. Diese Reisen wurden auch vom westdeutschen Ministerium für die deutsch-deutsche Zusammenarbeit unterstützt, und das Programm hatte es in sich: eine Woche in einem Bildungshaus am Nikolassee im Südwesten Berlins, inklusive Ausflugsmöglichkeiten nach Ost-Berlin und Einblicken in den damals noch lupenrein real existierenden Sozialismus. So bekam ich vom Ostberliner Studentenseelsorger eine praxisnahe Einführung ins Thema überwachte Telefongespräche: Er rief jemanden an, von dem er ausgehen konnte, dass sich die Staatssicherheit für den Gesprächspartner und das Gesprächsthema interessierte, und – quod erat demonstrandum – schon knackte es in der Leitung.

Erhard Busek galt schon in meiner Zeit in der KHG als jenes intellektuelle Aushängeschild, als das er sich in seinen vielen weiteren Rollen in Politik, Gesellschaft und Wissenschaft bewiesen hat. Mit seinem frühzeitigen Brückenschlag in den Ostblock hat er sich als Seismograph gesellschaftlicher Entwicklungen bewiesen. Gleiches gilt für seinen guten Riecher für Umbrüche und den damit einhergehenden Risiken, aber auch Chancen in Europa, denke man nur an sein Engagement für die Staaten am Westbalkan.

Nicht zuletzt hat Busek auch die Frage nach der »Seele Europas« umgetrieben; ein Thema, das immer noch und immer wieder substanziell für das Selbstverständnis und die Ausrichtung Europas und der Europäischen Union ist.

»Was kann damit gemeint sein? Europa eine Seele geben«, fragt Busek in seinem Buch »Eine Seele für Europa«. Möchte man diese Frage zielführend beantworten, muss man zunächst den geschichtlichen Hintergrund beleuchten, der zur Debatte über eine Seele für Europa geführt hat, und wir müssen uns ebenso Klarheit darüber verschaffen, was unter der europäischen Seele verstanden werden soll. Für mich sind Antworten auf diese Fragen insofern wichtig, als die Antworten das geistige Fundament und das Alleinstellungsmerkmal Europas bilden. Im Kontext dieses Buches, dessen Inhalt um die Kraft der Mitte kreist, ist die Seele Europas somit der europäische Markenkern, um den alle weiteren Attribute kreisen und auf den alle Ausformungen dieses Kerngedankens aufbauen.

Bei der Frage nach der Seele Europas ist für mich entscheidend, jede Engführung von vornherein auszuschließen: Die EU ist kein christliches Projekt. Das sage ich gerade auch in Richtung jener Parteien, die meinen, das Christentum als Unterstützung ihrer nationalistischen Ideologien missbrauchen und in Kreuzrittermentalität gegen den Islam in Stellung bringen zu können. Besagten selbst ernannten Rettern des »Abendlandes«, von dem diese Herrschaften – mit Verlaub – keine Ahnung haben, empfehle ich die Lektüre des Konzilsdokuments »Nostra aetate«. Es ist das kürzeste Dokument des Zweiten Vatikanums, aber sein Inhalt kann nicht bahnbrechend und wegweisend genug eingeschätzt werden. Denn mit dieser Erklärung wird der bis dahin exklusiv verstandene Wahrheitsanspruch der römisch-katholischen Kirche (»Extra ecclesiam nulla salus«) erweitert und auch den anderen Weltreligionen dieser Wahrheitsanspruch zugestanden.

Das Christentum ist zwar eine zentrale geistige Wurzel, aus der sich unser gesellschaftliches Zusammenleben entwickelt hat. Am stärksten sehe ich die Europäische Union aber von der Aufklärung geprägt und zu einem gewissen Grad neben dem Christentum auch vom Judentum, der Wiege des Christentums. Diese drei Quellen stehen zueinander zwar in keinem großen Widerspruch, haben sich auch gegenseitig bereichert, sind aber auch nicht völlig kongruent. In den derzeit gültigen Europäischen Verträgen werden jedenfalls die Kirchen und religiösen sowie weltanschaulichen Gemeinschaften sehr ernst genommen, aber keiner Religion und keiner Gemeinschaft wird eine Vorrangstellung eingeräumt. Andererseits wird von den Kirchen und religiösen sowie weltanschaulichen Gemeinschaften erwartet, dass sie die Werte der EU, ihre Ziele und ihren Grundrechtskatalog respektieren. Dieses Grundverständnis in den Beziehungen zwischen Kirchen und EU kommt bereits in der Präambel des Vertrags von Lissabon zum Ausdruck, wo es heißt: »Die Vertragsparteien haben beschlossen, eine Europäische Union zu gründen und dabei aus dem kulturellen, religiösen und humanistischen Erbe Europas zu schöpfen.«

Ich brauche an dieser Stelle nicht den Ausgangspunkt und die einzelnen Schritte im Europäischen Einigungsprozess nachzeichnen. Ausgehend von der Gemeinschaft für Kohle und Stahl oder der Vergemeinschaftung der Agrarpolitik war das gemeinsame Europa von Anfang an vorrangig ein wirtschaftliches Projekt. Trotz des unbestreitbaren Erfolgs dieses auch der Not und den Erfordernissen der Zeit nach dem Zweiten Weltkrieg geschuldeten Zugangs war man sich aber immer auch des Mangels an geistig-kultureller Ausrichtung bewusst. Beispielhaft dafür steht das Jean Monnet, dem Architekten der EU-Gründung, zugeschriebene Zitat: »Wenn ich noch einmal von vorne beginnen könnte, würde ich mit der Kultur beginnen.« Auch die weiteren Integrationsschritte stellten die Wirtschaft in den Vordergrund. An erster Stelle ist hier die Einführung des EU-Binnenmarktes zu nennen, später kam dann mit der Euro-Einführung ein weiterer wirtschaftlicher und finanzpolitischer Integrationsfaktor dazu.

Der Maastricht-Vertrag, gewissermaßen der Kodex des Europäischen Binnenmarktes, den EU-Kommissionspräsident Jacques Delors maßgeblich vorangetrieben hat, war wiederum ausschließlich der Wirtschaft und neuen Integrationsschritten gewidmet. Aber bereits einige Tage vor Unterzeichnung dieses Vertrags am 7. Februar 1992 kündigte Delors in einem Gespräch mit Vertretern der Kirchen an, dass die wirtschaftliche Ausrichtung der Union dringend einer weiteren Dimension bedarf: »Der Gipfel von Maastricht markierte das Ende der wirtschaftlichen Phase des europäischen Aufbauwerks«, stellte Delors fest, und er proklamierte: »Es ist unmöglich, das Potenzial von Maastricht ohne frischen Wind in die Praxis umzusetzen. Wenn es uns in den nächsten zehn Jahren nicht gelingt, Europa diesen frischen Wind und eine Seele zu geben, ist das Spiel vorbei.« Der von Delors geforderte frische Wind erinnert an das »Aggiornamento«, das Papst Johannes XXIII. am Beginn des Zweiten Vatikanischen Konzils für die Katholische Kirche einforderte. Auch dem Papst ist es um eine Durchlüftung und um – in diesem Fall – die Seele der katholischen Kirche gegangen. Delors machte sehr deutlich, was seiner Meinung nach unter der europäischen Seele zu verstehen sei. Es ging ihm um die spirituelle Dimension des sich zusammenschließenden Europas, um den europäischen Geist, der nicht im Mephistopheles'schen Sinne stets verneint, sondern im Gegenteil, der das gemeinsame Europa bejaht und der Notwendigkeit gerecht wird, die europäische Sinnfrage über die materiell-wirtschaftliche Dimension hinaus zu beantworten. In diese Kerbe schlug auch José Manuel Barroso bei seiner Bewerbung um das Amt des Präsidenten der Europäischen Kommission im Dezember 2004, als er feststellte: »In der Wertehierarchie steht die Kultur über der Ökonomie. Die Ökonomie ist eine Notwendigkeit des Lebens, aber die Kultur macht das Leben erst lebenswert.«

Wie wichtig ein spirituelles Rückgrat und eine Sinngebung ist, zeigte auch Erhard Buseks Initiative, mit der er 2012 zusammen mit Präsidentin Helga Rabl-Stadler und Intendant Alexander Pereira dem Kulturgroßereignis Salzburger Festspiele eine geistige »Ouverture spirituelle« und die »Disputationes« voranstellte und diese der Sakralmusik und dem Dialog der Religionen widmete. Diese Initiative reflektiert zentrale Dimensionen der europäischen Seele, nämlich die Sinnlichkeit, die Kunst und die Kultur. Auf die fehlende Sinnlichkeit im europäischen Narrativ hat ebenfalls Jacques Delors hingewiesen, als er bedauernd feststellte: »Niemand verliebt sich in einen Binnenmarkt.«

Das war nicht immer so, ganz im Gegenteil: Am Anfang der Namensgebung für unseren Kontinent stand eine Familiengeschichte mit dem Mythos einer göttlichen Affäre und die Erzählung vom liebestollen Gottvater Zeus, der in Gestalt eines weißen Stiers die schöne Europa kidnappte. In seiner »Geschichte Europas« schreibt der Wiener Historiker Wolfgang Schmale, dass der Name »Japhetien« lange mit »Europa« als Bezeichnung für diesen Kontinent konkurrierte.

Von Sem, Ham und Japhet, den Söhnen Noahs, die mit ihm, ihren Familien und ihrem Arche-Zoo der Sintflut entkamen, stammen laut Bibel »alle Völker der Erde ab«. Sem bekam den Osten, sprich Asien, zugesprochen, Japhet den Westen. Ham stieg ohne Noahs Segen und geografisch bescheiden aus (nachzulesen im Buch Genesis, Kapitel 9 und 10). Noch im 16. Jahrhundert gab es bedeutende Stimmen, schreibt Schmale, die für Japhetien als Name für den Kontinent plädierten, denn »es schicke sich nicht, der Affäre zwischen einem Tier und einer Frau, die schließlich keine Heilige gewesen sei, zu huldigen«. Hätte sich diese Position durchgesetzt, und laut Schmale war das nicht ausgeschlossen, würde die EU heute Japhetische Union heißen und wir hätten Japhets statt Euros in der Geldtasche. Da unsere Vorfahren aber eine Königstochter dem Überlebenden einer Flutkatastrophe vorzogen, sind wir Europäer und Euro-Payer geworden. Für Schmale ist diese Entscheidung absolut verständlich: »Der Mythos der Europa steckt voll erotischer Anspielungen, die gerne erzählt und gemalt werden, die positiv konnotiert wurden und sind.«

Der Auftrag »Europa eine Seele geben« bedeutet in der konkreten Umsetzung, dieser Seele in verschiedenster Form Ausdruck zu verleihen, sie erlebbar zu machen. Um dies zu gewährleisten, begann in den 1990er-Jahren eine Reihe von Initiativen und Aktivitäten, von denen viele immer noch gelebt werden. Die wohl wichtigste davon ist die zivilgesellschaftliche Initiative »A Soul for Europe«. Diese Initiative ist ein Netzwerk von Städten und Regionen, von Wirtschafts- und Kulturträgern sowie von politischen Entscheidungsträgern quer durch Europa. Die »Seele für Europa«-Initiative konnte eine ganze Reihe von Projekten anstoßen und zahlreiche Einrichtungen etablieren. Besonders hervorzuheben ist die »Berliner Konferenz«, die in den Jahren 2004, 2005 und 2006 abgehalten wurde. Der damalige Präsident des Deutschen Bundestages, Norbert Lammert, wies die Richtung dieser Initiative, als er bei der Eröffnung postulierte: »Es geht nicht darum, einen Machtzuwachs der Kulturpolitik zu ermöglichen oder einzufordern (...), sondern es geht um die kulturelle Durchdringung aller Politikbereiche mit Kultur.« Man war sich aber genauso darüber einig, dass es keine uniforme Kultur geben darf, sondern die Vielfalt der europäischen Kulturformen gefördert gehört und auf diese Weise Europa eine Seele erhält. Auf die Berliner Konferenz folgte der Berliner Prozess mit einer Reihe von Projekten, die teilweise immer noch »seelenstiftend« sind. Die bekannteste Initiative und eine Erfolgsgeschichte ist sicher die Einrichtung der Europäischen Kulturhauptstädte, deren Auswahl mittlerweile von der EU-Kommission organisiert wird. Eine andere Erfolgsgeschichte sind die diversen europäischen Programme für das gegenseitige Kennenlernen, an erster Stelle der Austausch junger Menschen im Rahmen des Programms »Erasmus+«. Wobei ich allein schon die Idee, diese Jugendinitiative nach dem Rotterdamer Humanisten zu benennen, als sehr gelungen empfinde.

Die Beispiele zeigen, dass wir bei der geistigen Fundierung des europäischen Projekts einige beachtliche Erfolge erzielt haben, aber es ist nach wie vor sehr viel Luft nach oben vorhanden. Die europäische Seele ist immer noch lediglich ein zarter Hauch und kein geistiger Sturm, kein *Pneuma*, wie es in der Bibel heißt. Vielmehr könnte man sagen, wir sind zwar unterwegs, Europa eine Seele zu geben, aber wir sind noch lange nicht angekommen. Leider erleben wir zurzeit gerade einen gegenteiligen Prozess, durch den der Nationalismus wieder gestärkt und mit nationalistischen Nadelstichen die europäische Idee durchlöchert wird. Einer der Ersten, der auf diese Gefahr aufmerksam machte, war Papst Franziskus. Bereits im Jahr 2014 warnte er davor, dass Europa seine Seele (wieder) verlieren könnte. Er wurde sehr deutlich, als er im Parlament in Straßburg anklagend feststellte: »Europa, wo ist deine Kraft? Europa, wo ist jenes geistige Streben, das deine Geschichte belebt und durch das sie Bedeutung erlangte? Europa, wo ist dein Geist?«

Am 24. Februar 2022 wurden viele der bisherigen Überlegungen durch den von Wladimir Putin begonnenen Aggressionskrieg gegen die Ukraine über den Haufen geworfen. Eine Grundfeste des europäischen Projekts, nämlich ein Friedensprojekt zu sein, wurde zutiefst erschüttert. Es muss jetzt nicht nur die Außen- und Sicherheitspolitik neu gedacht und sowohl das Institutionengefüge als auch unsere Entscheidungsmechanismen auf neue Beine gestellt werden, nein, es muss auch die Frage nach dem Sinn des europäischen Konzepts neu gestellt werden. Kurz, unser Narrativ muss neu erzählt werden. In diesem Lichte hören sich gewisse Sätze, die Erhard Busek im ersten Kapitel seines Buches »Eine Seele für Europa« formulierte, geradezu prophetisch an. Er schreibt: »Europas kulturelles Vermögen muss strategisch genutzt werden, für:

- die Idee Europa: Aus welchen Konzepten entwickelt sich Europa, was wollen wir erreichen?
- die Außenpolitik, mit der Europa in der Welt auftritt: Welche Erfahrungen und Kompetenzen kann Europa für seinen spezifischen Beitrag für die Welt nutzen?

- die innere Ordnung nach den Prinzipien von Demokratie und Rechtsstaatlichkeit sowie des friedlichen Zusammenlebens der Europäer.«

Genauso dringend gilt es, die Frage zu beantworten, wie wir künftig miteinander leben wollen. Konkret heißt das sowohl für die EU als politisch-gesellschaftliches Gebilde als auch für jede Bürgerin und für jeden Bürger der Union: Wie gehen wir im Alltag miteinander um? Welche Initiativen sind nötig, um einen humaneren Umgang mit Flüchtlingen zu erreichen? Wie kann verhindert werden, dass die Kluft zwischen Arm und Reich noch größer wird? Was müssen wir tun, um Gender- und Generationengerechtigkeit zu erzielen und um zu verhindern, dass der Generationenkonflikt eskaliert?

Als Schwungrad dafür, diese Fragen in einem europäischen Sinne zu beantworten und um diese Antworten vor allem auch mit institutionellem wie individuellem Leben zu erfüllen, plädiere ich für ein neues europäisches Narrativ, eine neue, unseren Zeiten angepasste »Große Erzählung«. Es ist zwar heute genauso richtig, wie es zu Anfang der 1950er-Jahre richtig war, den europäischen Einigungsprozess als Friedensprojekt darzustellen. Wenn man sich allerdings die Emotionen vor Augen hält, die damals die Parole »Nie wieder Krieg zwischen Frankreich und Deutschland!« auslöste, was zugleich nie wieder Krieg in Europa bedeutete, als Europa in Trümmern lag und 70 Millionen Tote zu beklagen waren, so muss man zugeben, dass die emotionale Seite des europäischen Narrativs mittlerweile verblasst ist, auch wenn mit dem russischen Überfall auf die Ukraine die Parole »Nie wieder Krieg« zu einem gewissen Grad aktualisiert wurde. Ebenso ist die Schaffung des Binnenmarktes und einer EU mit 27 Mitgliedsstaaten zwar eine große politische Leistung, aber wenig geeignet, um die Bevölkerung dafür zu gewinnen, für Europa zu brennen.

Eine neue Geschichte über Europa zu erzählen verlangt, positive Emotionen zu wecken, und muss zukunftsgerichtet, man könnte auch sagen: enkeltauglich sein. Die Kurzfassung könnte lauten: »Wir machen Europa zum lebenswertesten Kontinent der Welt, und wir dürfen dabei niemanden zurücklassen.« Als Eckpunkte für die Abschnitte eines solchen Narrativs schlage ich vor:

- Die EU-Staaten sind die lebenswertesten Räume der Welt.
- Die EU hat den umfassendsten Menschenrechts- und Grundwertekatalog der Welt.
- In der EU wird die Rule of Law respektiert und werden rechtsstaatliche Prinzipien befolgt.
- Nur Demokratien können Mitglieder in der EU sein.
- Die EU lebt die Balance zwischen Ökonomie, Ökologie und sozialer Verantwortung.
- Die EU bleibt eine Weltmacht in Sachen Kultur und Wissenschaft.
- Und nicht zuletzt: Die EU ist bereit, ihre Werte nach innen und nach außen zu verteidigen.

Erhard Busek, um noch einmal auf ihn bei diesem, seinem Herzensthema zurückzukommen, hat in seinem Buch zu Europa vorgeschlagen, dass wir das europäische Projekt als eine »Versuchsstation für eine bessere Welt« verstehen. Ein Wettbewerb sei angesagt, sagt Busek, aber keiner, bei dem es darum gehe, andere zu überholen oder zu besiegen, sondern darum, uns selbst und unser unersetzbares Engagement und unsere unersetzliche Begeisterung für Europa zu stärken. »Wir werden darin nie perfekt sein«, schreibt Busek, »aber wir können Näherungspunkte erreichen, wenn wir die Überzeugung haben: ›In der Liebe zu Europa soll uns niemand übertreffen!‹«

KAPITEL 4

AUF NACH PERSIEN

Die Zeit in der Katholischen Hochschulgemeinde (KHG) Ende der 1960er-, Anfang der 1970er-Jahre war für mich, wie im vorigen Kapitel beschrieben, eine geistig-intellektuelle Aufbruchszeit. Dazu passte auch die allgemeine gesellschaftliche Stimmung im Gefolge der 68er-Bewegung, und – gerade für den kirchlichen Kontext entscheidend – es wehte nach dem Zweiten Vatikanischen Konzil auch durch die katholische Kirche ein neuer Geist. Wobei damals beileibe nicht alle Kirchenkreise das von Papst Johannes XXIII. ausgerufene »Aggiornamento«, also die Anpassung der Kirche an die heutigen Verhältnisse, begeistert aufgenommen haben. Diese Spannung zwischen Fenster auf oder Schotten dicht gegenüber der Welt ist ja in der Kirche bis heute vorhanden.

Zur Situation von Religion und Kirche in der Gesellschaft hat Monsignore Otto Mauer bereits in den 1960er-Jahren davon gesprochen, dass »der Glaube verdunstet«. Er wollte mit diesem Bild ausdrücken, dass die geistig-spirituelle Dimension nach und nach aus dem Bewusstsein vieler Menschen entschwindet. Dieses Verdunsten des Glaubens hat sich in den letzten Jahrzehnten zu einem »Verdunsten der

Werte« ausgeweitet und ist zu einem allgemeinen Phänomen und vor allem auch zu einer Generationenfrage geworden. Meine Frau und ich gehen zwar nach wie vor mehr oder weniger regelmäßig zum Sonntagsgottesdienst, aber unsere Kinder eher selten. Wir waren aber auch immer dagegen, den Kirchgang für die Kinder als ein »Muss« darzustellen. Ich teile da vielmehr die Einstellung, früher oder später werden sie schon draufkommen, ob und wie es für sie einen Sinn ergibt, sich auch mit religiösen Themen zu beschäftigen. Außerdem bin ich dagegen, das Traditionschristentum, aus dem ich komme, mit dem persönlichen Glauben, der heute mehr und mehr die Oberhand hat, gleichzusetzen. Man muss aufpassen, dass man Religion und Kirche nicht nur auf liturgische Akte und Moral reduziert. Wie oft ich mich in eine Kirchenbank setze, sagt nicht unbedingt viel über meinen Glauben und vor allem nichts über die Umsetzung christlicher Werte im Alltag aus. Wie heißt es so schön und richtig: Viele Wege führen zu Gott!

Die kritische Auseinandersetzung mit dem Thema Religion hat bei mir während meines Studiums stark zugenommen, und die Frage nach Gott oder die Fragen, was ist der Mensch, woher kommt er, wohin geht er, was ist der Sinn des Lebens, beschäftigen mich immer wieder. Aber den Glauben quasi wie eine Monstranz vor mir herzutragen, davon halte ich nichts. Die Zeit des Missionierens ist vorbei. Auch alles das, was einmal unter dem Begriff »politischer Katholizismus« verstanden wurde, dass man die Religion in die Politik hineinzieht und die Politik mit religiösen Argumenten zu untermauern versucht, lehne ich ab, das sind für mich »No-Gos«.

In der Hinsicht haben mich sicher auch die damaligen Geistlichen in der KHG geprägt. Einer davon war der Augustinerpater Joop Roeland aus Haarlem in den Niederlanden. Mit Joop, der ab 1972 die KHG Wien leitete und später Rektor der Ruprechtskirche wurde, wehte der Geist des II. Vatikanums durch die Ebendorferstraße. Der Horizont unserer Hochschulgemeinde gewann mit diesem sehr spirituellen, kunstsinnigen, poetischen Menschen deutlich an Weite.

In meinem Fall ist das insofern wörtlich zu verstehen, als ich mich gemeinsam mit Joop und dem damaligen Studentenseelsorger an der BOKU, Franz Haslinger, im Sommer 1971 auf eine damals nicht alltägliche und heute aufgrund der politischen Veränderungen nur mehr schwer durchführbare Reise machte. Das Ziel unserer Tour war Persien, aber so genau war das lange nicht offen ausgesprochen. Ich erinnere mich, dass Joop, der weniger ein pragmatischer Mensch, sondern mehr eine Künstlernatur war, mich und Franz in Istanbul fragte, ob wir nun schon wüssten, wohin wir eigentlich fahren wollen. Da waren wir bereits mit unserem in Größe, Ausstattung und Leistung bescheidenen Auto, einem Austin 1300, das war damals so eine Art britischer VW-Käfer, quer durch Jugoslawien und Bulgarien gereist. Im Unterschied zum farbenfrohen, üppig riechenden und lauten Orient, in den wir nach der türkischen Grenze eintauchten, ist mir die Fahrt davor durch die beiden kommunistischen Länder als eher düster in Erinnerung geblieben.

Wir sind dann quer durch die Türkei nach Ankara gefahren, dann nach Norden ans Schwarze Meer, dann die Schwarzmeerküste entlang nach Trabzon, schließlich wieder ins Landesinnere nach Erzurum im hinteren Anatolien, mitten im Kurdengebiet gelegen, und mit Blick auf den Ararat im Norden und den Vansee im Süden ging es weiter zur persischen Grenze. Die erste große Stadt in Persien war Täbris, eines der größten kulturellen Zentren des iranischen Aserbaidschan; dann weiter zur Kaspischen See und über das Elburs-Gebirge nach Teheran. Ich schildere unseren damaligen Weg so genau, weil ich mich heute selber wundere, wie weit und wo wir mit unserem kleinen Gefährt überall hingekommen sind – mit ursprünglich lediglich einem Reservereifen im Gepäck, was sich vor allem am Rückweg noch rächen sollte. Von der Hauptstadt Teheran fuhren wir ins geistige Zentrum der Schia, Ghom, und noch einmal gut 300 Kilometer in den Süden nach Isfahan. Insgesamt haben wir auf dieser Reise fast 15 000 Kilometer heruntergespult.

Der Titel »schönste Stadt von Persien« ist für Isfahan nicht übertrieben. Der Bazar war wie ein Ausflug in Tausendundeine Nacht, ein dichtes Gewusel aus Menschen, Gerüchen und Klängen, wo in den Gassen die Kupferschmiede hämmerten und wo man beim Einkaufen um den Preis handeln konnte – eine Leidenschaft von mir. Total fasziniert war ich auch von der Freundlichkeit und Gastfreundschaft, die uns entgegengebracht wurde. Wir hatten zwar ein Zelt zum Übernachten mitgenommen, aber in den sechs Wochen, die wir insgesamt unterwegs waren, stellten wir das vielleicht dreimal auf, weil wir entweder einfach im Freien schliefen oder auch oft zum Essen oder Übernachten eingeladen wurden. Es war sagenhaft. Das einzige Problem war die Sprachbarriere, die aber dank unseres Hände-und-Füße-Esperanto auch zu überwinden war.

Von Isfahan fuhren wir nach Yazd, dem Zentrum der zoroastrischen Religion, also der Anhänger des Zarathustra, und weiter nach Schiras und Persepolis, der alten Hauptstadt des antiken Perserreichs. Im Jahr vor unserer Reise hatte dort Schah Reza Pahlavi aus Anlass des 2.500-jährigen Bestehens der persischen Monarchie eine riesige Feier organisiert und dafür eine Zeltstadt aus dem Wüstenboden stampfen lassen. Eingeladen waren Staatsoberhäupter und Königshäuser sowie Religionsvertreter und Wissenschaftler, unter ihnen auch Kardinal Franz König. Transportflugzeuge lieferten tonnenschwere Eisblöcke, um die Zigtausende Flaschen Champagner und Wein für die Staatsgäste zu kühlen. Bei unserem Besuch standen nur mehr die Zelte für die Gäste, doch diese lieferten ein imposantes Bild von der Größe dieses Festes.

Nach einer wilden Fahrt durch die südwestpersische Wüste setzten wir mit einem Fährschiff über den Grenzfluss Schatt al-Arab und landeten in der Küstenstadt Basra. Im Irak ging es danach den Euphrat entlang über Bagdad und Mossul zurück in die Türkei. Ungefähr 250 Kilometer vor Ankara hatten wir wieder einmal eine Reifenpanne; das war uns schon vier-, fünfmal auf unserer Tour passiert, aber im Unterschied zu Persien, wo leicht Ersatzreifen aufzutreiben waren, gab es in der Türkei die Reifendimension für unser »Spuckerl« nur in Istanbul und Ankara. Und so blieb mir nichts anderes übrig, als den platten Reifen unter den Arm zu nehmen und mich per Autostopp auf die Reise nach Ankara zu machen. Nach zwei Tagen war ich wieder zurück. Da uns die Panne »in the middle of nowhere« passiert war, haben die beiden anderen Herren die ganze Zeit neben dem Auto im Straßengraben sitzen und auf meine Rückkehr warten müssen. Mit dem neuen Reifen schafften wir es dann schließlich gut bis nach Wien.

Unsere Freundschaft blieb über diese Reise und meine Zeit in der Katholischen Hochschulgemeinde hinaus bis heute bestehen. Mit Franz Haslinger treffe ich mich immer noch gerne; Joop Roeland war auch Taufpate von einem unserer Kinder – er ist im Jahr 2010 gestorben.

Neben den Reiseeindrücken ist mir vor allem die Sorglosigkeit in Erinnerung geblieben, mit der wir uns damals auf den Weg gemacht hatten. Dazu passt ein Text aus einem Buch von Joop Roeland, in dem er der Kirche empfiehlt, sie möge wieder mehr das Lächeln lernen und sich weniger mit Mahnungen beschäftigen. »Die Kirche sollte weniger Ängste haben, sondern mehr Vertrauen auf Menschen und wohl auch auf die Gnade Gottes«, schreibt Joop und präsentiert dann noch eine für ihn typische Idee: »Bei Günter Grass heißt es, dass die Leute einmal gegen alle Ängste des Lebens das Pfeifen erfunden haben. Christen sollten das Pfeifen wieder anfangen. Die Kirche sollte Kurse anbieten, wo man das Pfeifen wieder lernt, Schulungen in jener Sorgenlosigkeit, die uns Jesus empfiehlt, Einführungen in die Vergesslichkeit, wo alle Lebensverkrampfungen verabschiedet werden, Tagungen, wo das Sehen wieder gelernt wird und die Augen und das Herz sich wieder frei öffnen für Gutes und Schönes.« Diesen Rat sollte nicht nur die Kirche, sondern jede und jeder von uns immer wieder beherzigen.

Auch das gehört zur Kraft der Mitte: Nicht nur sich und seine Positionen als die allein richtigen anzusehen, sondern aus den jeweiligen Denk- und Positionsecken auf der

Suche und der Bereitschaft zum Dialog herauszukommen. Kurz gesagt: aus der Bubble auszubrechen. Ein gutes Beispiel dafür liefern meine politischen Vorbilder, denen ich das nächste Kapitel ausgehend vom Ballhausplatz in Wien widme.

KAPITEL 5

WIEN, BALLHAUSPLATZ

In meine Zeit als Vorsitzender der Katholischen Hochschuljugend fiel auch der Amtsantritt der ersten Regierung von Bundeskanzler Bruno Kreisky im Frühjahr 1970. Bereits vor seinem Wahlsieg war ich von seiner Persönlichkeit angetan. Ich sah ihn nie mit der SPÖ ident, sondern für mich stand Kreisky mit seinem bürgerlichen Habitus, seiner Intellektualität und Internationalität immer deutlich über seiner Partei. Dieses Bild bestätigte sich für mich, als ich bald nach der Regierungsbildung gemeinsam mit allen anderen Vorsitzenden der österreichweit tätigen Jugendorganisationen eine Einladung zu einer ganztägigen Veranstaltung mit der Bundesregierung erhielt. So etwas hatte es bis dahin noch nie gegeben. Nicht nur der für Jugendfragen zuständige Minister, sondern der Bundeskanzler selbst und mit ihm die gesamte Bundesregierung setzten sich einen ganzen Tag lang mit uns Jugend-Vertreterinnen und -Vertretern zusammen, um über unsere Anliegen und unsere Sicht der österreichischen Politik zu diskutieren.

Ich ging voller Erwartungen zu dieser Veranstaltung und erlebte zum ersten Mal Bruno Kreisky live. Er legte zunächst seine Regierungspolitik dar, dann hatten alle

Jugendfunktionäre die Gelegenheit, ihre Kommentare oder auch ihre Kritik abzugeben sowie ihre Wünsche loszuwerden. Nach fünf Stunden Diskussion hielt Bruno Kreisky manchen Skeptikern unter den Jugendlichen sowie in seiner Ministerriege entgegen, dass sich allein schon wegen der Diskussion das Treffen ausgezahlt habe: »Wir haben da manche Auffassungsunterschiede«, brummelte er, »aber insgesamt bin ich der Meinung, die Sache war den Tag wert.« Anschließend kündigte er an, dass er die Veranstaltung wiederholen werde, um über die bis dahin erfolgten Maßnahmen und weitere nötige Veränderungen zu berichten. Dieses Versprechen hat er auch eingehalten.

Damals aufgefallen und bis heute in Erinnerung geblieben ist mir, dass alle Minister unsere Diskussion schweigend verfolgten – mit Ausnahme von Herta Firnberg, die in diesen ersten Monaten von Kreiskys Kanzlerschaft gerade damit beauftragt war, ein Wissenschaftsministerium aufzubauen. Firnberg war als Einzige Manns genug, in der Männerrunde, in der nur der Kanzler das Wort führte, mitzureden. Neben ihrem Mut und ihrer Meinungsstärke, die Firnberg ja auch bei anderen Gelegenheiten bewiesen hat, spricht es für Kreisky, dass er sich nicht nur mit Personen umgab, die ihm nach dem Mund redeten – eine für Führungskräfte unerlässliche Tugend, die mir heute zu wenig beachtet erscheint.

Im Rückblick denke ich mir, dass diese Inszenierung sowohl für die Regierungsseite als auch für die Jugend geglückt ist. Wir Jugendfunktionäre verließen jedenfalls begeistert das Bundeskanzleramt und gingen mit dem Gefühl in unsere Organisationen zurück, Bruno Kreisky meint es ernst mit der Modernisierung der Gesellschaft und die Jugend hat darin einen fixen Platz.

Obwohl ich ÖVP-Wähler blieb, fand ich auch in den folgenden Jahren immer wieder faszinierend, wie Kreisky Politik machte und, vor allem, wie er es verstand, diese medial zu inszenieren. Fast zwanzig Jahre nach meiner ersten Begegnung mit Kreisky durfte ich im April 1989 vis-à-vis dem Kanzleramt am Ballhausplatz 1 bei Bundespräsident Kurt Waldheim als neuer Landwirtschaftsminister zur Angelobung der Regierung antreten. In meinem ersten Interview nach meiner Bestellung nannte ich neben dem römischen Konsul Cincinnatus und Eduard Wallnöfer auch Bruno Kreisky zur Überraschung vieler als mein politisches Vorbild. Auf den Römer werde ich später noch eingehender zurückkommen. Der Tiroler Landeshauptmann Wallnöfer war für mich insofern ein Vorbild, als er entgegen manchen Vorurteilen sich zeit seines politischen Lebens eine große Eigenständigkeit bewahrte, den direkten Kontakt zu seinen Landsleuten immer hochhielt und die Fähigkeit besaß, stets über den Tellerrand der Landwirtschaft und des Landes Tirol hinauszublicken.

Beide, Bruno Kreisky und Eduard Wallnöfer, tickten ja trotz ihrer völlig unterschiedlichen Herkunft politisch sehr ähnlich. Beide waren gewiefte Taktiker, konnten auf die Menschen zugehen, waren aufgeschlossen für Neues und wollten Grenzen überschreiten. Wallnöfer im regionalen Kontext mit der 1972 von ihm zusammen mit Franz Josef Strauß und Silvius Magnago initiierten Gründung der »Arbeitsgemeinschaft Alpen« (Arge Alp), die eine grenzüberschreitende Zusammenarbeit der Alpenregionen zum Ziel hatte; und Bruno Kreisky mit seinen (Partei-)Freunden Willy Brandt in der BRD und Olof Palme in Schweden auf der internationalen Bühne, besonders im Nahen und Mittleren Osten.

Was Kreisky und Wallnöfer für mich am meisten auszeichnete, war ihr politischer Instinkt, der sie zwar nicht immer, aber doch meistens zur rechten Zeit das Richtige tun ließ. Genau dieser Instinkt der beiden »political animals« ist wohl auch der Grund dafür, dass Kreisky wie Wallnöfer bis heute große Bewunderung in allen Teilen der Gesellschaft genießen. Insofern war es daher für mich nie überraschend, dass die beiden Herren sich über die Parteigrenzen hinweg prächtig verstanden. Besonders positiv wirkte sich die gegenseitige Wertschätzung im Zusammenhang mit Südtirol aus. Bruno Kreisky brachte im Jahr 1960 als Außenminister die Südtirol-Frage als Streitfall vor die UNO-Generalversammlung. 1967 kam es dann unter Mithilfe des italienischen Staatspräsidenten Giuseppe Saragat zu ersten substanziellen Ergebnissen, die die Grundlage für die Verhandlungen über das Südtirol-Paket 1969 bildeten. Es dauerte jedoch bis zum Jahr 1992, bis die Streitbeilegungserklärung bei der UNO abgegeben wurde. Die Südtirol-Frage war Kreisky wie Wallnöfer ein Herzensanliegen. Bei Wallnöfer hatte das biografische Gründe, stammten doch seine Familie und er selbst aus Schluderns im Vinschgau. Auch Kreisky hatte persönliche Erfahrung mit Widerstand, Gefangenschaft und Exil und hegte große Sympathie für Heimatlose und Guerillas, und setzte – so wie später im Palästinakonflikt – sein ganzes diplomatisches Geschick ein, um den Südtirolern zu helfen.

Eine kleine Geschichte mag unterstreichen, wie weit sein Engagement in dieser Frage gegangen ist. In der Tiroler Landesregierung gab es eine eigene Südtirol-Abteilung unter der Leitung von Frau Hofrat Viktoria Stadlmayer. Manchmal wurden von dieser Abteilung auch Förderungen genehmigt, die besser nicht an das Licht der Öffentlichkeit dringen sollten. Schließlich gab es ja Südtirol-Sympathisanten verschiedener Art, die mit unterschiedlicher Vehemenz und unterschiedlichen Mitteln ihre Ziele durchzusetzen versuchten. Explizit ausformulierte Förderrichtlinien waren deswegen aus Sicht des Landeshauptmanns Wallnöfer für diese Abteilung kontraproduktiv und daher nicht vorhanden. Eines Tages wurde der Rechnungshof vorstellig und erklärte, diese Abteilung prüfen zu wollen. Da war Feuer am Dach. Es kam zu einer Sitzung in Wien unter dem Vorsitz von Bruno Kreisky, zu der neben dem Tiroler Landeshauptmann auch der Innenminister und der Rechnungshof-Präsident eingeladen wurden. Das Ergebnis war ein einstimmiger Beschluss: Die Südtirol-Abteilung der Tiroler Landesregierung wird nicht geprüft. Das Ergebnis der Verhandlungen zum Südtiroler Autonomiestatut zwischen Wien, Innsbruck, Bozen und Rom hält jedoch bis heute jeder Prüfung stand – ein Erfolg der politischen Kräfte der Mitte!

Er wäre nicht das Kommunikationsgenie Kreisky gewesen, wenn er nicht schon frühzeitig erkannt hätte, welch treffliche Plattform für politische Botschaften das Europäische Forum Alpbach war und ist. Darauf werde ich in dem in Alpbach angesiedelten Kapitel noch zu sprechen kommen.

An dieser Stelle möchte ich noch auf den von mir als drittes politisches Vorbild genannten Lucius Quinctius Cincinnatus zurückkommen, von dem ich einiges erfahren habe, als wir im Gymnasium die Geschichte Roms von Titus Livius lasen. Er kann als eine Art Gegenmodell zu den heutigen »starken Männern« in der internationalen wie nationalen Politik dienen, die nicht von ihrer Macht lassen können. Außerdem gilt Cincinnatus als Vorbild für Bürgertugend oder, im Kontext dieses Buches ausgedrückt, als Musterbeispiel für die Kraft der Mitte. Nicht zufällig leitet sich der Name der US-amerikanischen Stadt Cincinnati von diesem vorbildlichen Konsul und Diktator aus dem alten Rom ab.

Überliefert ist von Cincinnatus, dass er ein zurückgezogenes, bescheidenes Leben führte und als Bauer seine Felder bewirtschaftete. Als Rom durch feindliche Stämme, darunter die bekannten Sabiner, bedroht wurde, bat ihn der Senat, mit der Macht eines Alleinherrschers ausgestattet, die Stadt zu retten. Cincinnatus zögerte nicht, übernahm diese Pflicht, legte aber umgehend nach dem Sieg über die Angreifer den Titel des Diktators wieder ab, kehrte auf seine Felder zurück und wurde damit zum Musterbeispiel für die Hochschätzung republikanischer Tugenden.

»Er hat dem Vaterland gedient, und dann ist er wieder zum Pfluge zurückgekehrt«: Diesen auf Lateinisch gelernten Vers habe ich mir aus der Mittelschule gemerkt. Cincinnatus habe ich deswegen als eines meiner politischen Vorbilder genannt, weil man sich darüber im Klaren sein sollte: In einer Demokratie ist das Einnehmen und Ausüben einer Führungsposition ein zeitlich begrenzter Job. Dessen sollte man sich als Politikerin und als Politiker immer bewusst sein. Und genauso, dass man rechtzeitig wieder aufhören soll. Für mich ist das auch insofern wichtig, als ich mir immer gesagt habe: Jeder Mensch hat ein begrenztes Potenzial an Fantasie, an Kreativität, an Arbeitswillen, Arbeitskraft und so weiter. Wenn man zehn Jahre lang einen Spitzenjob in der Politik macht und versucht, seine Ideen und Pläne, für die man auch gewählt wurde, so gut wie möglich umzusetzen, dann ist von dieser Innovationskraft schon einigermaßen viel verbraucht. Das ist der eigentliche Grund, warum ich sage: Es ist als Spitzenpolitiker auch wichtig, dass man rechtzeitig wieder geht. Oder um noch einmal Cincinnatus zu bemühen: Sein Beispiel ist eine Absage an die Sesselkleber! Dass sich der britische Premierminister Boris Johnson am Tag seines alles andere als freiwilligen Auszugs aus der Downing Street ebenfalls mit Cincinnatus verglichen hat, beweist zwar Johnsons Allgemeinbildung, zeigt aber gleichzeitig ein großes Maß an Selbst- und Machtverliebtheit, gepaart mit Realitätsverweigerung und Chuzpe.

Zwei gegenwärtige Beispiele für diesen Politikertyp, die im krassen Gegensatz zu Cincinnatus stehen und die ich aus eigenem Erleben während meiner Zeit als EU-Kommissar in Brüssel kenne, sind der ungarische Ministerpräsident Viktor Orbán und Recep Tayyip Erdoğan, der Präsident der Türkei. Insbesondere mit Orbán habe ich mehrmals Gespräche geführt. Beide waren am Beginn ihrer Amtszeit ausgesprochen progressive und kreative Typen, die liberale Reformen angestrebt haben. Man sollte nicht unterschätzen, wie schwierig es z. B. für Erdoğan war, als Vorbedingung für die Aufnahme von EU-Beitrittsverhandlungen die Todesstrafe in der Türkei abzuschaffen. Mittlerweile bezeichnet er diesen Schritt vor 20 Jahren als Fehler und stellt regelmäßig die Wiedereinführung von Hinrichtungen in den Raum. Oder wie schwierig es für Orbán war, gegen die ungarische Korruption vorzugehen. Ich habe die Verhältnisse in der ungarischen Landwirtschaft und die dort agierenden Herrschaften gekannt, das war furchtbar. Der damalige Landwirtschaftsminister war die wandelnde Korruption schlechthin und ist schlussendlich auch im Gefängnis gelandet. Gegen diese Missstände ist Orbán in seiner ersten Periode sehr bestimmt vorgegangen. Heute steht das

System Orbán aber zur Potenz für all das, was er einmal bekämpft hat.

Das zeigt sich neben den innenpolitischen Umwälzungen in Ungarn, die ja immer mehr Menschen zu Gegendemonstrationen auf die Straße bringen, vor allem auch auf der europäischen Ebene. Früher war unter den Mitgliedsstaaten gewiss auch nicht immer alles eitel Wonne. Aber früher wurde darüber gestritten, was das gemeinsame Ziel war und welcher gemeinsame Weg dorthin führt. Jetzt setzt sich immer mehr eine völlig andere Herangehensweise an die Gemeinschaftspolitik durch; das zeigt sich am Vorgehen eines Orbán oder eines Kaczyński und wie sie alle heißen sehr deutlich. Diese Leute testen aus, wie viel sie sich leisten können, ohne dass sie aus dem »Club EU« hinausgeworfen werden. Konkrete Beispiele dafür waren der Versuch der Aushöhlung bzw. Abschaffung der Pressefreiheit oder die Knebelung der Justiz in Ungarn und Polen. Da wurden zuerst einmal Fakten gesetzt, die total antieuropäisch waren, die überhaupt nicht mit dem Wertekanon der EU in Einklang zu bringen waren. Aber erst als die Europäische Kommission und das Europäische Parlament dagegen auf die Barrikaden gestiegen sind, indem sie mit Sanktionen gedroht und europäische Fördergelder zurückgehalten haben, und schließlich auch die Staats- und Regierungschefs bei diesem Einspruch mitmachten, wurden die Maßnahmen wieder zizerlweise zurückgenommen. Dieses Vorgehen à la Orbán hat Methode und wird mittlerweile auch in anderen EU-Staaten von anderen Politikern seines Zuschnitts kopiert. Schlussendlich führt das zu einem ständigen Testlauf, wie weit man sich vom europäischen Zentrum, der gemeinsamen Wertebasis und dem gemeinsamen Integrationsziel wegbewegen kann, ohne einen Hinauswurf zu riskieren. Die EU hat auf diese Entwicklung mit dem Artikel-7-Verfahren und dem Rechtsstaatsmechanismus reagiert. Beide Instrumente haben die Wahrung und den Schutz der EU-Grundwerte zum Ziel, und beide kamen bislang in Verfahren gegen Polen und Ungarn zum Einsatz.

Der Nachteil dieser Verfahren ist, dass sie politische Verfahren sind und der Einstimmigkeit bedürfen. Und jeder dieser Orbáns hat einen Freund unter den Regierungschefs, der im Bedarfsfall ein Veto einlegt. Deswegen bin ich der Meinung, das Artikel-7-Verfahren gehört reformiert, weg von der Politik und hin zur Justiz. Es geht ja darum, festzustellen und zu beurteilen, ob ein grober Verstoß gegen europäisches Recht vorliegt. Das ist aber eine typische Aufgabe, für die Gerichte zuständig sind. Daher trete ich dafür ein, das Artikel-7-Verfahren an den EuGH zu übertragen.

Neben den beiden genannten Verfahren, mit denen man im Nachhinein auf rechtsstaatlich bedenkliche Vorgänge in den Mitgliedsstaaten reagieren kann, kommt meiner Meinung nach auch das proaktive Engagement der EU gegen derartige Tendenzen zu kurz. Ich meine, Europa sollte sich hier bereits viel früher mit Programmen zur Stärkung und Förderung von Demokratie und Rechtsstaatlichkeit in den Mitgliedsländern engagieren. Das gilt ganz besonders für die jungen Demokratien in den neuen Mitgliedsstaaten. Als Vorbild dafür könnte der Einsatz der EU-Institutionen gegen Desinformationskampagnen und extreme Ideologien dienen. Die EU zeigt hier erstmals Muskeln gegen jene Kräfte, die Europa schwächen und spalten wollen. Dieses Engagement gehört weitergeführt und ausgebaut. Die demokratischen Fundamente sind auch in unseren

Gesellschaften nicht so fest verankert, wie wir bis vor kurzem noch glaubten.

Ich habe dieses Kapitel mit Bruno Kreiskys Einladung an uns damalige Vertreterinnen und Vertreter der österreichischen Jugend begonnen, ich möchte es mit einer der wichtigsten politischen Aufgaben für die heutige Jugend abschließen: Neben strengen Gesetzen für digitale Dienste, digitale Märkte, die Nutzung der Künstlichen Intelligenz und den Schutz der Medienfreiheit müssen wir Medienkompetenz und Faktenprüfungen verstärken, um unsere Kinder und Jugendlichen vor Desinformation und Hetze in den sozialen Medien zu schützen und damit letztlich die Widerstandskraft und den Fortbestand unserer Demokratie zu gewährleisten.

KAPITEL 6

NYKÖPING ÖSVRETA
AN DER EUROPASTRASSE 4

Meine ersten Auslandserfahrungen machte ich bei einem Praktikum im Rahmen meines Studiums in Mittelschweden. Den Sommer 1970 arbeitete ich auf einem Milchbetrieb in Nyköping in der schwedischen Provinz Södermanland, rund 100 Kilometer südlich von Stockholm an der Ostseeküste gelegen. Schweden spielte zu der Zeit, was Milchviehzüchtung anbelangte, in der obersten Liga, war wahrscheinlich die Nummer eins in Europa. Die Schweden haben damals bereits sehr viel wissenschaftliche Energie und finanzielle Mittel in die Modernisierung ihrer Zuchtmethoden investiert. Man kann sagen, das, was wir in Österreich 20 Jahre später einführten, haben die Schweden bereits damals Anfang der 1970er-Jahre gemacht. Insofern war mein Praktikum gut gewählt und eröffnete mir einen Blick in die Zukunft der Landwirtschaft.

Ich war gemeinsam mit meinem oberösterreichischen Kollegen Alois Wimmesberger dort, und unsere Gastfamilien waren sehr bemüht, uns viele Einblicke in die schwedische Landwirtschaft zu ermöglichen. Sie sind mit uns zu vielen agrarischen Einrichtungen gefahren, haben uns die

Zuchtanstalten gezeigt oder uns in die Molkerei, auf den Schlachthof und ins Lagerhaus mitgenommen. Das damalige schwedische Zuchtprogramm gehörte zu den modernsten der Welt und baute auf zuvor in den USA und Kanada gemachten Erfahrungen und Erfolgen auf. Im Wesentlichen basierten diese Programme auf Zuchtwertschätzungen, das sind statistische Verfahren, die mithilfe von Prognosen den größtmöglichen Zuchtfortschritt von Generation zu Generation vorauszuberechnen suchten. Damit konnten die Schweden pro Generation eine Steigerung der Milchleistung zwischen 200 und 300 Liter Milch erreichen. Das ist natürlich enorm viel. Unser Praktikumsbetrieb hatte damals bereits einen Stalldurchschnitt von 6500 Litern Milch, darunter waren zehn Kühe mit über 10 000 Litern Jahresmilchleistung. Zum Vergleich: Die heutige durchschnittliche Jahresmilchleistung einer Fleckviehkuh in Österreich beträgt 7800 Liter.

Jetzt kann man sich im Rückblick natürlich mit Fug und Recht fragen, ob dieser damals eingeschlagene Weg in Richtung immer mehr Milchleistung gut war. Aber damals war es der Weg, den alle gegangen sind. Im Unterschied zu vielen anderen haben es die Verantwortlichen in Schweden aber rechtzeitig verstanden, dass man riesige Probleme bekommt, wenn man diese Entwicklung ins Extreme treibt. Die Briten haben das nicht begriffen und die Amerikaner zum Teil auch nicht – mit allen negativen Folgeerscheinungen. Denn man kann mit der Natur nicht alles machen. Wenn man einseitig die Milchleistung maximiert, dann ist klar, dass diese Rinder nur wenig Fleisch ansetzen. Die Natur ist so angelegt, dass physiologisch betrachtet die Sicherung der Nachkommenschaft absolute Priorität hat. Für Milchkühe heißt das, sie bauen ihr eigenes Körpereiweiß ab, nur um genügend Milch zu erzeugen. Man muss sich das einmal vorstellen: So eine 10 000-Liter-Kuh produziert im Jahr ungefähr 350 Kilo reines Butterfett und 320 Kilo reines Eiweiß. Eine solche Kuh kann über eine normale Grasfütterung gar nicht so viele Nährstoffe aufnehmen, wie sie für die Milchproduktion braucht. Das geht dann eben auf die Substanz. Daher werden diese Kühe auch nicht alt und sind nach dem dritten Kalb meist schon unfruchtbar. Auswüchse dieser extrem einseitigen Rinderzuchtmethode haben mich auch in meiner Zeit als EU-Kommissar beschäftigt; einmal bereits 1996 im Zuge der BSE-Katastrophe und nochmals, als der deutsche Bundeskanzler Gerhard Schröder im Rahmen der Verhandlungen über die Reform der Gemeinsamen Agrarpolitik mitten in der Nacht mit der Frage zu mir kam: »Was ist eine Herodesprämie?« Dazu und über meine Auseinandersetzungen mit den Briten in der BSE-Zeit mehr im Kapitel über die EU-Agrarpolitik.

Das Praktikum in Schweden eröffnete mir jedenfalls bereits früh Einblicke in die moderne Milchviehzucht und Milchviehhaltung, von denen ich in meiner weiteren Berufslaufbahn profitierte. So konnte ich auch lernen, wie unter den feuchten klimatischen Bedingungen in Schweden die Gras- und Silowirtschaft funktionierte. Die Schweden hatten damals schon eigene Verfahren für die Optimierung der Grassilage entwickelt, um noch feuchtes Gras schneller und besser haltbar zu machen und trotzdem eine gute Futterqualität zu bewahren.

Viel später, als Schweden in der ersten Jahreshälfte 2001 zum ersten Mal den EU-Ratsvorsitz übernommen hatte, war ich im Rahmen des Informellen Agrarministertreffens zum Galadiner in Stockholm eingeladen, und zu meiner

Überraschung und Freude traf ich dort meine Familie aus Nyköping wieder. Die schwedischen Gastgeber hatten es sich nicht nehmen lassen, auf diese Weise meine Bande nach Schweden zu erneuern. Wobei diese nie abgerissen sind, denn sowohl mein oberösterreichischer Studienkollege als auch ich sind in Kontakt mit unserer Gastfamilie geblieben – bis heute. Vor wenigen Jahren feierten wir mit ihnen das 50-Jahr-Jubiläum unseres Praktikums. Dass Nyköping an der Europastraße 4 (E4) liegt, war uns damals zwar bekannt, aber erst im Rückblick lässt sich darin ein erster Wegweiser in die Richtung meines weiteren beruflichen Lebenswegs herauslesen. Die nächste Etappe war aber der Abschluss meines Studiums an der BOKU und mein Berufseinstieg als Universitätsassistent.

KAPITEL 7

WIEN, UNIVERSITÄT FÜR BODENKULTUR

PETER-JORDAN-STRASSE

Neben dem Engagement in der Katholischen Hochschuljugend und den üblichen Freuden des Studentenlebens habe ich mein Studium nie vernachlässigt. So war es kein Problem, mein Studium kurz vor der Durchschnittsdauer von sechs Jahren abzuschließen. Zum normalen Stipendium erhielt ich auch regelmäßig das staatliche Begabtenstipendium, was mir die für mich immer wichtige finanzielle Unabhängigkeit von zu Hause sicherte. Das Studium empfand ich als leicht, bisweilen zu leicht, und wäre es nach mir gegangen, hätte ich die Anforderungen nach oben geschraubt.

Vom Abschluss des Studiums beflügelt, bewarb ich mich nach meiner Sponsion 1973 zum Diplomingenieur um eine Assistentenstelle bei Professor Friedrich Schmittner, der die Abteilung für ländliche Regionalplanung am Institut für landwirtschaftliche Betriebswirtschaft leitete. Ländliche Entwicklung galt damals als ein Zukunftsthema, denn Ende der 1960er-, Anfang der 1970er-Jahre wurde von den österreichischen Bundesländern die Regionalpolitik entdeckt.

Mein Chef hatte bereits erste regionale Projekte für das Burgenland und für das Mühlviertel erstellt.

Das Thema meiner eigenen Dissertation steckte damals noch in den Kinderschuhen, mittlerweile hat es sich enorm weiterentwickelt und ist heute unter dem Stichwort landwirtschaftliche Vorzugsflächen hochaktuell.

Meine Dissertation war zugleich ein Forschungsauftrag des Landwirtschaftsministeriums. Ich sollte die damals bestehenden Informationssysteme über Grund und Boden wie Grundkataster, Bodengütekarten und andere Daten wie zum Beispiel Geländeprofile miteinander verknüpfen und auf diese Weise die Dynamik in der Bodennutzung erfassen. Diese synoptische Herangehensweise sollte es möglich machen, die gewonnenen Informationen für verschiedenste Zwecke einzusetzen. Ich war damals mit meinen Ideen der Zeit ein wenig voraus, weil die automatische Verknüpfung von Geländedaten oder das GPS noch nicht erfunden waren, sodass man nur transparente Karten im selben Maßstab übereinanderlegen und diese auswerten konnte.

Doch in einem Punkt gelang es mir, Neuland zu betreten. Damals war es bereits möglich, digitale Geländemodelle zu erstellen und daraus Orthophotos – also plangenaue Bilder in einem runden Maßstab – herzustellen. Dieselbe digitale Information konnte auch zur Herstellung von Karten, in denen Flächen gleicher Hangneigung ausgewiesen wurden, verwendet werden. Auf diese Weise ließ sich für jedes Grundstück feststellen, welcher Anspruch auf Bergbauernförderung bestand. Allerdings waren die damaligen Computer noch nicht sehr leistungsfähig. Unser Computer auf der BOKU war überhaupt ein Museumsstück, das man noch mit Lochkarten füttern musste, und selbst mit dem

Computer an der TU Wien konnte man die gewünschten Gefällekarten nicht berechnen. Mir kam dann der neu an die TU Wien berufene Professor für Photogrammetrie, Karl Kraus, zu Hilfe, der meine Daten in Stuttgart rechnete. Heutzutage ist dazu ein besserer Taschenrechner in der Lage.

Mit dem Lehrbetrieb auf der BOKU hatte ich wenig zu tun, mehr hingegen mit der Betreuung der neu eingeführten Diplomarbeiten oder von Doktorarbeiten. Einer der Dissertanten in unserer Abteilung war Erwin Pröll, der spätere Landeshauptmann von Niederösterreich, der eine Regionalanalyse seines Heimatbezirks Hollabrunn verfasste. Ich hatte dann als Assistent die Ehre, seine Dissertation einer Vorbegutachtung zu unterziehen.

Das Thema Österreich und Europa beschäftigte mich erstmals während des Studiums Anfang der 1970er-Jahre. Ich organisierte einige Veranstaltungen, weil damals der sogenannte Mansholt-Plan über die Zukunft der europäischen Landwirtschaft für heftige Kontroversen sorgte. Namensgeber dieses 1968 vorgelegten Plans der EWG war der niederländische Sozialist Sicco Mansholt, der als Agrarkommissar eine Reform der Gemeinsamen Agrarpolitik (GAP) durchsetzen wollte. Demnach sollten nur mehr landwirtschaftliche »Zukunftsbetriebe« Förderungen erhalten. Um zu dieser Kategorie zu gehören, schlug Mansholt Betriebsgrößen von 80 bis 100 Hektar Ackerland vor bzw. sollten die Betriebe Platz für mindestens 60 Milchkühe oder 1000 Mastschweine in ihren Ställen haben. Bereits zuvor galt die EWG in unseren heimischen Agrarkreisen als Gottseibeiuns, der Mansholt-Plan war da nur mehr die verschriftlichte Apokalypse und für uns Studenten das Manifest für den Untergang der Landwirtschaft im alpinen Raum.

Es war daher nicht weiter verwunderlich, dass meine zusammen mit Freunden an der BOKU organisierten Anti-Mansholt-Debatten sowohl bei den Studenten als auch bei den Professoren großen Anklang und breite Zustimmung fanden.

Mansholt war jedenfalls der Grund, dass ich der europäischen Integration damals sehr, sehr kritisch gegenüberstand. Denn wenn die EWG solche Betriebsgrößen verlangt, was tut man dann in einem Land wie Tirol, wo die Durchschnittsgröße bei etwas mehr als zehn Hektar lag?

Das kann nicht gut gehen. Ich muss aber zugeben, dass sich mein Blick vor allem durch mein Praktikum in Schweden sehr schnell geweitet hat. Mir wurde bald klar, dass die agrarische Welt nicht an der österreichischen Grenze aufhört. Nichtsdestotrotz war Mansholt meine erste Begegnung mit europäischer Politik – und diese war ein Schock! Insofern ist es eine besondere Ironie der Geschichte, dass mir dann im Jahr 2004 für meine Agrarreform als EU-Kommissar für Landwirtschaft ausgerechnet der Sicco-Mansholt-Preis verliehen wurde. Die Begründung der Jury, mich dafür ausgewählt zu haben, lautete: »Der Gewinner des Sicco-Mansholt-Preises 2004 hat in einem Moment grundlegender Veränderung der Grundprinzipien die europäische Agrarpolitik geleitet. Er erkannte, dass diese in ein System umgewandelt werden muss, das Landwirte für ihren Beitrag zur ländlichen Entwicklung und für Nachhaltigkeit belohnt. Er verband außergewöhnlich klare Ideen mit einem starken persönlichen Engagement und dem politischen Mut, diese in einem komplexen globalen Kontext zu verteidigen.« Für eine solche Art von Politik war Ende der 1960er-Jahre die Zeit noch nicht reif. Außerdem mangelte es den damaligen politischen Akteuren auf der nationalen Ebene an Courage, um die Gemeinsame Agrarpolitik (GAP) weiterzuentwickeln – eine Haltung, mit der ich in meiner Zeit als Kommissar ebenfalls konfrontiert war (siehe meine Begegnungen mit Jacques Chirac und Gerhard Schröder in einem der weiteren Kapitel). In der Zeit nach Mansholt dümpelte die Agrarpolitik jedenfalls lange Jahre weiter dahin, geriet immer mehr ins Zentrum internationaler Kritik und war trotz immenser öffentlicher finanzieller Aufwendungen immer weniger in der Lage, den europäischen Landwirten vernünftige Einkommen zu sichern. Im Rückblick überrascht, wie lange die Konsumenten die hohen Binnenmarktpreise und als Steuerzahler die immensen Agrarausgaben (bis zu 80 Prozent des EU-Gesamtbudgets flossen bis in die 1980er-Jahre in den Agrarhaushalt) hingenommen haben.

In meiner Zeit als Agrarkommissar versuchte ich jedenfalls, aus dem Vorstoß Mansholts, der ihn europaweit zum Sündenbock machte, etwas zu lernen. So notwendig eine Reform war, so falsch war der Ansatz, den Mansholt verfolgen wollte. In Anlehnung an einen berühmten Philosophen habe ich deswegen in meiner Reformphilosophie die Idee verfolgt, die Landwirtschaft wieder vom Kopf auf die Füße zu stellen. Mein Weg war: Die Agrarstruktur ist das Ergebnis von Agrarpolitik und nicht der Ausgangspunkt für sie.

Nach Fertigstellung der Dissertation im Jahr 1978 war mein weiterer beruflicher Weg völlig offen. Mir war nur klar, dass ich die BOKU verlassen wollte. Die Ausstattung unseres Instituts war sehr mäßig, im Wesentlichen lebten wir von der Gnade des Ministeriums, die sich als enden wollend zeigte. Schmittner sagte zu meinem Abschied: »Wenn ich

Ihnen bessere Bedingungen bieten könnte, wäre ich Ihnen böse, dass Sie mich verlassen; weil ich das nicht kann, verstehe ich Ihren Schritt.« Zur Fortsetzung einer wissenschaftlichen Karriere hätte ich ins Ausland gehen müssen, was ich aufgrund meiner Familie nicht wollte. Das Landwirtschaftsministerium reizte mich als Arbeitgeber auch nicht, daher streckte ich lieber meine Fühler nach dem heimatlichen Tirol aus – und fand auch schnell eine passende Stelle in der dortigen Landwirtschaftskammer.

Nach elf Jahren kehrte ich also in freudiger Erwartung neuer Aufgaben in meine Heimat zurück. Hatte ich die Reise damals mit einem Koffer in der Hand angetreten, kam ich mit dem sprichwörtlichen Kind und Kegel am Arm wieder zurück. Denn ich hatte 1973, gleichzeitig mit dem Antritt meiner Assistentenstelle zu Beginn des Wintersemesters, geheiratet. Mit dieser fixen Anstellung und festem Gehalt stand finanziell nichts mehr im Wege, eine Familie zu gründen. Und eine wunderbare Frau dafür hatte ich bereits während meiner Zeit in der Katholischen Hochschulgemeinde kennengelernt. Nachdem wir, wie im KHG-Kapitel beschrieben, erste Kontakte in den Ostblock geknüpft hatten, wollten wir unsere Unterstützung dorthin ausbauen. Die Waldviertlerin Adelheid Hausmann, die Anglistik und Slawistik studierte, passte mit ihren Russischkenntnissen perfekt zum Jobprofil einer Ostreferentin für unser Team. Mit der Zusammenarbeit lernten wir uns besser kennen und nicht viel später auch lieben. Eigentlich hatte sie sich fest vorgenommen, nie jemanden zu heiraten, der so wie ihr Vater Franz hieß und wie dieser Landwirtschaft studiert hatte, erzählte mir Heidi später einmal. Glück für mich, dass sie diesen Vorsatz nicht durchgehalten hat.

Nach der Hochzeit siedelten wir in den 16. Bezirk, nach Wien-Ottakring. Was meinen weiteren Berufsweg betrifft, verdanke ich meiner Frau sehr viel. Sie unterstützte meinen Einstieg in die Politik und hat mir sowohl bei der Bestellung zum Minister in Wien als auch zum EU-Kommissar in Brüssel, beides ist ja mehr oder weniger über Nacht gekommen, immer den Rücken freigehalten und unsere Familie an erste Stelle gereiht. Unsere zwei älteren Kinder, Bernadette und Klaus, kamen noch während meiner Zeit als Universitätsassistent in Wien zur Welt. Die beiden jüngeren, Ursula und Georg, wurden dann während meiner Zeit bei der Landwirtschaftskammer Tirol geboren. In den 1980er-Jahren bauten wir uns auf dem Grundstück meiner Familie in der Absamer Dörferstraße ein Haus. In meinen Jahren als Berufspendler nach Wien oder Brüssel wurde es mein Rückzugsort, meine Krafttankstelle und war damals und ist heute meine Heimat.

KAPITEL 8

INNSBRUCK, LANDWIRTSCHAFTSKAMMER

BRIXNERSTRASSE 1

Im Jahr 1979 bin ich mit meiner Frau und unseren beiden in Wien geborenen Kindern nach Absam in Tirol übersiedelt und habe in Innsbruck meine Stelle als Direktionsassistent in der Landwirtschaftskammer angetreten. Eine treffendere Bezeichnung für meine Rolle dort lautet »Mädchen für alles«. Heißt konkret, alles, was nicht den damals vorhandenen Abteilungen zugeordnet werden konnte, ist auf meinem Schreibtisch gelandet. Nach fünf Jahren ging der Kammeramtsdirektor Dr. Jakob Halder in Pension, und ich wurde sein Nachfolger. Halder war zusätzlich auch Nationalratsabgeordneter, und aufgrund seiner häufigen Abwesenheit war die Kammer ziemlich führungslos. Es fehlten klare Ziele und eine Strategie, wie man diese erreichen wollte. Daher habe ich bald begonnen, mit den Funktionären systematisch an einer solchen Strategie zu arbeiten und einen Plan zu entwickeln, in welche Richtung es gehen sollte. Das war für diejenigen, die etwas zum Positiven verändern wollten, ein willkommener frischer Wind, für diejenigen allerdings, die sich in der Zwischenzeit verselbstständigt hatten, bedeutete das eine weniger angenehme Umstellung.

Ich machte mir damals viele Gedanken darüber, wie ich meine Mitarbeiterinnen und Mitarbeiter besser für unsere Themen motivieren könnte. Das Ergebnis war, dass ich systematisch begonnen habe, Mitarbeiterschulungen und Motivationsseminare zu organisieren. Die Kammer hatte damals in Summe über 200 Mitarbeiterinnen und Mitarbeiter, eine überschaubare Größe. Gleichzeitig war das auch ein Pool von Fachleuten, der beachtliches Potenzial für Veränderungen und Reformen bot. Sehr schnell haben sich dann erste Erfolge eingestellt. Nach innen konnten wir in der Kammer ein neues Selbstverständnis etablieren, dass wir etwas gestalten und schaffen können. In der Außenwahrnehmung gelang es, binnen kurzer Zeit den Ruf der Kammer wesentlich zu verbessern.

Eine Herausforderung der besonderen Art war dann der Reaktorunfall im ukrainischen Atomkraftwerk Tschernobyl. Die radioaktive Wolke, die sich in den Tagen nach dem 26. April 1986 nach Westen bewegte, streifte auch Österreich, und radioaktives Material wurde durch die Regenfälle in diesen Tagen auch über Tirol verteilt. Neben anderen Vorkehrungsmaßnahmen mussten wir daraufhin vor allem die Milch auf ihre radioaktive Kontaminierung durch belastetes Weidefutter untersuchen. Meine Aufgabe war es, die dafür notwendigen Kontrollen zu organisieren. In eineinhalb Tagen schafften wir es in Zusammenarbeit mit der Universität Innsbruck, ein Kontrollregime aufzustellen, mit dem es möglich war, von jeder Milchlieferung schon vor der Verarbeitung eine Probe zu ziehen, diese nach Innsbruck zu bringen und sofort analysieren zu lassen. Die Information, wie hoch die Milch belastet war, ging sofort wieder an die Molkerei zurück, und die Milch konnte je nach Belastung entsprechend verarbeitet werden. Mit der unbelasteten Milch hat Tirol damals ganz Österreich mit Babymilch versorgt. Aus der Milch, die eine geringe bis mittlere Belastung aufwies, konnte Butter hergestellt werden; denn die Kontaminierung betraf die wässrigen Anteile der Milch und nicht das Fett. War die Milch jedoch schwerer belastet, dann musste sie vertrocknet und in Sperrlager geschickt werden. Tirol war damals das einzige Bundesland, das auch dank der guten Zusammenarbeit mit der Universität Innsbruck ein solches Kontrollsystem einführen konnte.

Die Aufregung in der Bevölkerung war damals, nicht zu Unrecht, enorm. Das hat man nicht zuletzt auch an den sofort einsetzenden Hamsterkäufen gesehen. Nachdem wir in der Kammer auch Proben entgegennahmen, sind Tag für Tag die Leute Schlange gestanden, um die Belastung ihres Salats oder ihrer Erdbeeren messen zu lassen. An einen Besuch kann ich mich noch gut erinnern, weil besagte Dame immer wieder gekommen ist und unseren Service vor allem dazu nutzte, uns ihre Weltsicht zu erklären. Da riss mir einmal der Geduldsfaden, und ich sagte mit viel Überzeugung in der Stimme: »Sie, in der Zwischenzeit habe ich so viel Erfahrung, ich brauche nur meine Hand auf Ihre Erdbeeren zu legen, dann weiß ich, wie viel Radioaktivität sie haben.« Gesagt, getan; ich legte meine Hand auf die Erdbeeren und erklärte: »Die haben keine Belastung, die können Sie ohne weiteres essen.« Die Frau war dann völlig baff, bedankte sich und verabschiedete sich, noch immer fassungslos über meine Fähigkeiten.

Neben einem Mehr an Professionalität in der Kammer war es mir ein Anliegen, stärker als Interessenvertretung aufzutreten und die Rolle der Bauern und der Landwirtschaft in einem neuen Licht erscheinen zu lassen. Dazu habe ich viele Vorträge und Diskussionen vor allem über das notwendige Zusammenspiel von Tourismus und Landwirtschaft initiiert und durchgeführt. Damit habe ich mich jedoch nicht immer nur beliebt gemacht. Zum Beispiel, als ich folgende Überlegung in die Debatte einbrachte: Wenn Landschaftspflege eine Leistung ist, von der man in Tirol massiv profitiert, dann gibt es eigentlich keinen Grund, dass diejenigen, die dieses Produkt am meisten in Anspruch nehmen, nämlich die Tourismuswirtschaft, sich nicht an den Kosten der Erhaltung und Pflege dieser Landschaft beteiligen. Anfangs waren die Tourismus-Vertreter darüber alles andere als erfreut. Wir haben dann für einige Tourismusgemeinden konkrete Finanzierungsmodelle entwickelt, zum Beispiel für St. Anton am Arlberg, und siehe da, auf einmal waren solche Partnerschaften zwischen Tourismus und Landwirtschaft nicht mehr denkunmöglich. Zwei Jahre später hatte St. Anton ein Direktförderungssystem, wo die Beträge pro Hektar und Jahr recht ansehnlich waren. Damit ist es gelungen, eine neue Denkweise einzuführen, die seither prägend ist und sich in weiterer Folge über Tirol hinaus etabliert hat. Die Reaktion auf diese neuen Töne aus der Kammer war gemischt: Die Bauern waren natürlich zufrieden da ist endlich einer, der sich für sie einsetzt, und in der Tiroler Politik hat man gesagt, jetzt geht es nicht mehr so einfach wie früher. Insofern ist es binnen kurzer Zeit gelungen, der Kammer einen besseren Ruf zu verleihen. Als ich dann als Minister nach Wien ging, hat man über mich zum Abschied gesagt: »Schon interessant, seit der Fischler Direktor geworden ist, kommen die Hofräte aus der Landesregierung in die Kammer; vorher haben wir von der Kammer hinüber zu den Hofräten in die Landesregierung gehen müssen.«

Man darf hier auch nicht vergessen, wie festgefahren in den 1980er-Jahren die agrarischen Marktsysteme in Österreich noch waren. Wenn zum Beispiel eine Molkerei statt einer Halbliterpackung Schlagobers eine Viertelliterpackung herstellen wollte, dann galt das nach dem Gesetz als neues Produkt und musste vom sogenannten Milchwirtschaftsfonds, der von den Sozialpartnern beschickt wurde, genehmigt werden. Daneben gab es noch ein sehr kompliziertes Verrechnungssystem, bei dem zum Beispiel bei der Frischmilch abkassiert wurde, während man die Butter subventionierte. Zusätzlich lief der gesamte Außenhandel mit Milchprodukten über zwei Einhandgesellschaften, wobei die an sich für Österreich wichtigsten Märkte, nämlich die EWG-Länder, aufgrund der bestehenden Handelsbarrieren kaum beliefert werden konnten.

Da die Landwirtschaft nach der Verfassung in Österreich Landessache ist, musste man in jedes Marktordnungsgesetz eine Verfassungsbestimmung aufnehmen, mit der die Kompetenz zeitbegrenzt auf den Bund übertragen wurde. Diese zeitliche Begrenzung gab es deshalb, weil sich auf diese Weise die »zweite Reichshälfte« der österreichischen Regierung ein Mitspracherecht sicherte. Wenn sich sowohl die Sozialpartner wie auch ÖVP und SPÖ nicht darauf einigten, gab es auch kein Marktordnungsgesetz.

Als Josef Riegler 1987 Landwirtschaftsminister wurde, begann man an Marktordnungsreformen zu basteln, um das verkrustete Agrarsystem aufzubrechen. Dazu wurden mehrere Arbeitskreise eingerichtet, und Riegler bat mich, den Arbeitskreis zum Thema Milch zu leiten. So wurde ich mit ihm bekannt und begann mich in seinem Auftrag mit den großen Molkereichefs zu duellieren. Denn wie immer galt hier die Regel: Reformabsichten bedeuteten auch Streit!

Ein anderes Thema, das regelmäßig aufs Tapet zu bringen ich nicht müde wurde, war die Außenwirkung der österreichischen Agrarpolitik, vor allem als es dann um die Vorbereitung auf den EU-Beitritt ging. Ich habe gesagt: »Schauts, Freunde, ihr seid wahnsinnig gut im Verteidigen. Aber ihr müsst anfangen, darüber nachzudenken, dass die beste Verteidigung der Angriff ist. Wir müssen uns überlegen: Wo sollen wir uns neu positionieren, wo können wir neue Märkte erobern, wie können wir dort erfolgreich sein? Mein Mantra lautete: Die Bauernschaft heutzutage, die nur mehr drei Prozent der Bevölkerung stellt, kann nicht weiter so agieren, als wäre die Zeit stehen geblieben und ihre Positionen unangreifbar. Stattdessen müssen wir unsere Leistungen für die Gesellschaft und für die Umwelt besser darstellen und schauen, dass wir so mehr Freunde der Bauern und der bäuerlichen Landwirtschaft gewinnen können, sonst verlieren wir. Einen wichtigen Teil meiner Reformarbeit habe ich darin gesehen, dass wir die Kammer zu einer modernen Interessenvertretung umbauen. Früher war die wichtigste Kammertätigkeit die Hofberatung, die darin bestand, Hilfestellungen in der Tierzucht, bei der Saatgutauswahl, beim Maschinenkauf, in sozialen und Rechtsfragen zu bieten. Ebenso hat die Kammer auch die Bauern bei Grundablöseverhandlungen oder der Einräumung von Servituten vertreten. Meine Vorstellung von Kammerarbeit ging jedoch weiter. Ich sah die Kammer als Anwalt der bäuerlichen Familien gegenüber der Gesellschaft. Der Schwerpunkt musste stärker auf Informationsarbeit und öffentliche Debatten gelegt werden, um die Integration der Landwirtschaft in die Gesamtgesellschaft zu fördern. Deswegen kann ich es bis heute nicht leiden, wenn am liebsten nur gejammert wird. Diese Jammerei schafft ein falsches Bild in der Gesellschaft, das dem Bauernstand nicht guttut und der Wirklichkeit auch nicht entspricht.

Um ein aktuelles Beispiel zu nennen: Nehmen wir die europaweiten Bauernproteste im Frühjahr 2024. Die Aufgabe der Kammer sehe ich hier darin, die Allgemeinheit darüber zu informieren, was die sachlichen Gründe für diese Unzufriedenheit sind. Entscheidend ist doch, dass das Verständnis für die Bauern und ihre Anliegen wächst und nicht das Gefühl übrigbleibt, die jammern nur und sind immer unzufrieden. Schließlich geht es auch darum, verständlich zu machen, dass Landwirtschaft gerade in einem Land wie Österreich mehr ist als das Produzieren von Milch, Fleisch, Wein und anderen agrarischen Produkten. Das Wesen der bäuerlichen Landwirtschaft ist es, mit der Produktion der Lebensmittel auch die Bewahrung intakter und attraktiver Landschaften, die Pflege der Böden, den Klimaschutz und viele weitere öffentliche Dienstleistungen zu gewährleisten. Über den Preis für die Produkte geht das jedoch schon längst nicht mehr, stattdessen müssen die verschiedenen Aufgaben der Landwirtschaft gesondert vergütet werden. Noch dazu, wo wir in einer Marktwirtschaft leben und sich der Preis nach Angebot und Nachfrage richtet und nicht nach dem Grad der Aufgabenerfüllung. Das wurde lange übersehen. Wenn ich in ein Marktsystem integriert bin, dann muss ich mich nach den Marktgegebenheiten richten. Im Umkehrschluss bedeutet das: Sind meine Kosten höher als der Preis, den ich für meine Produkte verlangen kann, dann muss ich die nicht produktbezogenen Leistungen extra bezahlt bekommen. Das passiert ja auch: Bei den Bergbauern besteht mittlerweile ungefähr die Hälfte des Einkommens aus Leistungsabgeltungen in Form von öffentlichen Zuschüssen.

Die Themenpalette, mit der ich mich während meiner Zeit in der Tiroler Landwirtschaftskammer zu beschäftigen begonnen habe, hat mich in meinen weiteren Funktionen im Ministerium und auf EU-Ebene nicht mehr losgelassen. Insofern war die Kammer in Innsbruck für mich eine gute Vorbereitung auf mein Leben als Politiker. Wobei ich mich um keine politische Funktion jemals beworben habe, denn mir hat meine Funktion als Kammeramtsdirektor wirklich gefallen. Und mit den Erfolgen, die wir erreichen konnten, stieg auch der Spaß an dieser Arbeit, und der Teamgeist wurde auch immer besser. Kurzum, es war eine sehr motivierende Zeit, und ich hatte keinen Anlass, mich nach Alternativen umzuschauen.

Bis zu meiner Bestellung zum Minister war ich auch nie in irgendeiner Form in die ÖVP-Parteipolitik integriert. Ich wurde zwar, als meine Großmutter starb, Mitglied des Tiroler Bauernbundes, und als solches ist man automatisch ÖVP-Mitglied. Insofern habe ich meine Parteimitgliedschaft quasi von meiner Großmutter geerbt. Man mag es Glück, Zufall oder Schicksal nennen, jedenfalls sind mir meine politischen Funktionen eigentlich immer in den Schoß gefallen, und so überrascht ich im ersten Moment über die Angebote auch war, so gern habe ich diese Funktionen dann ausgefüllt.

Wohin ich sehr wohl damals schon ein wenig meine Fühler ausgestreckt habe, war Europa. Wenn ich schon bei den anderen das Kirchturmdenken kritisierte, wollte ich selber einen anderen, fachlich erweiterten Zugang zu den Agrarthemen pflegen. Meine erste Begegnung mit der EU erfolgte im Rahmen der CEA, des Verbands der Europäischen Landwirtschaft. Anlass war eine Tagung in Antwerpen. Spitze Zungen haben damals gespottet, CEA stehe für den »Club Europäischer Agrarreisender« – und hatten damit nicht ganz unrecht. Diese Treffen waren mehr gesellschaftliche als politische Ereignisse, verschafften einem aber einen guten Überblick über die jeweils aktuelle Agrardebatte. Damals, 1987 oder 1988, begann in Österreich noch recht zaghaft die Diskussion über einen möglichen EU-Beitritt. Deswegen schlug ich meinem Kammerpräsidenten vor, wir sollten die Reise nach Antwerpen mit einem Abstecher nach Brüssel verbinden. Auf unseren Wunsch hin organisierte der damalige österreichische Agrarattaché Simon Hausberger für uns ein Gespräch in der Generaldirektion Landwirtschaft. Der dortige Beamte erklärte uns, er würde gerne auch in Österreich den Standpunkt der Europäischen Gemeinschaft zur Agrar- und Handelspolitik darlegen. Ich lud ihn daraufhin kurzerhand nach Tirol zu einem Vortrag und zum Skifahren ein. Das löste dann aber einen Disput mit der Präsidentenkonferenz der Landwirtschaftskammern aus: Jetzt mischt sich der Tiroler Kammeramtsdirektor schon in die Außenpolitik ein, so geht das nicht, hieß es. Schließlich ist der EU-Beamte dann kurz zu einem Vortrag nach Wien gekommen, aber dann gleich nach Tirol weitergereist. Auf diese Weise habe ich meine erste Lektion im Zusammenspiel von regionaler, nationaler und europäischer Politik gelernt.

KAPITEL 9

WIEN, BUNDESMINISTERIUM FÜR LAND- UND FORSTWIRTSCHAFT

STUBENRING 1

Wie im vorigen Kapitel beschrieben, war ich gerne Kammeramtsdirektor von Tirol. Meine Arbeit machte mir Freude, und meine Familie hatte sich gut in Absam eingelebt. Da kam im April 1989 der Ruf aus Wien und führte im ersten Moment zu einem großen Missverständnis in der Familie.

Das Ministerbüro Riegler hatte nämlich untertags bei mir angerufen und dringend um Rückruf ersucht. Als ich Josef Riegler erreichte, redete er nicht lange herum, sondern fragte mich geradeheraus, ob ich bereit wäre, Landwirtschaftsminister zu werden. Ich hielt kurz die Luft an, zählte ihm dann auf, was mir in der Schnelle an Einwänden eingefallen ist: Ich sei erst einige Jahre Kammeramtsdirektor, besitze keine politische Erfahrung, meine Frau sei gerade zum vierten Mal schwanger ... Riegler ließ nicht locker, gerade ein Neueinsteiger sei willkommen, noch dazu einer, der die Kammer ziemlich erfolgreich umgekrempelt habe. Ich bat um Bedenkzeit, sagte, ich müsse mich noch mit meiner Familie beraten, er gab mir 24 Stunden. Wie ich am Abend dieses Tages nach Hause kam, stand meine Frau in Tränen aufgelöst vor mir.

Ein Tiroler VP-Parteigrande hatte nach der ÖVP-Vorstandssitzung in Wien, bei der mein Name für die Riegler-Nachfolge genannt wurde, nichts Besseres zu tun, als bei mir zu Hause anzurufen und meiner Frau zur »Frau Landwirtschaftsminister« zu gratulieren. Sie machte mir Vorwürfe, dass ich sie dumm sterben ließe, während man bereits darüber spricht, dass ich Minister werden solle. Ich konnte die Sache dann aufklären, indem ich erklärte, dass ich selbst erst vor ein paar Stunden das Angebot bekommen hatte und noch nichts entschieden sei … Nachdem sich die Aufregung gelegt hatte, haben wir das Thema im Familienrat besprochen, und ich bekam das Plazet, als Wochenpendler nach Wien zu gehen, unter der Auflage, dass die Wochenenden der Familie gehören. Und so haben wir das dann auch immer gehalten. Da waren meine Frau und ich sehr konsequent. Der Job unter der Woche war die eine Sache, aber am Wochenende zu Hause hat Politik keine Rolle gespielt. So bin ich dann als Minister am Freitagabend nach Innsbruck geflogen und am Sonntag am späten Nachmittag mit dem Zug zurück nach Wien gefahren. Die Fahrt hat damals fünfeinhalb Stunden gedauert. Diese Zugfahrten waren bei meinen Beamten gefürchtet, da hatte ich nämlich viel Zeit zum Aktenstudium und um darüber nachzudenken, was wir am Montag alles angehen müssen.

Am Schluss unseres Familienrats zur Ministerbestellung fand mein älterer Sohn Klaus, der war damals zwölf Jahre alt und schon sehr praktisch denkend, einen Grund, warum mein Jobwechsel für ihn durchaus lukrativ werden konnte: »Papa, wie ist denn das, wenn du jetzt Minister wirst, verdienst du ja sicher mehr, dann kannst du mir ja das Taschengeld aufstocken.«

Die Angelobung zum Minister fand am 24. April 1989 statt, eine Woche später, am 1. Mai, ist unser jüngerer Sohn Georg zur Welt gekommen. Und gleichzeitig mit diesem familiären Zuwachs zeichnete sich auch auf politischer Ebene eine Zeitenwende ab. Ein paar Wochen nach meiner Bestellung wurde zum ersten Mal in der Regierung der »Brief nach Brüssel« diskutiert. Am 17. Juli 1989 übergab unser Außenminister Alois Mock persönlich das Ansuchen um Aufnahme in die EU an den Vorsitzenden des Außenministerrates der Europäischen Gemeinschaften (EG), und am 28. Juli 1989 stimmte der Europäische Rat der EG in einem offiziellen Beschluss dem Beitrittsverfahren mit Österreich zu.

Mein Ministeramt trat ich mit gemischten Gefühlen an. Einerseits kannte ich dort viele jüngere Beamte noch aus der Zeit an der BOKU – wegen meiner Assistentenzeit hatte ich ja praktisch mit zwei Studentengenerationen zu tun gehabt – oder aufgrund meiner späteren Kontakte als Kammeramtsdirektor. Von den Sektionschefs kannte ich nur einen, dafür war ich mit vielen Agrarfunktionären aus den Landwirtschaftskammern, den Bauernbund-Obleuten sowie den zuständigen Landesräten bereits bekannt. Mein Vorgänger Riegler hatte einen reformerischen, ja visionären Ansatz für die Weiterentwicklung des Agrarsektors verfolgt. Er entwarf das Konzept der »ökosozialen Marktwirtschaft«. Der Grundgedanke war, die soziale Marktwirtschaft um den Umweltgedanken zu erweitern. Das war von großer Bedeutung für die Landwirtschaft, weil dort einerseits zu dieser Zeit von Marktwirtschaft nicht viel zu spüren war und andererseits die Debatte um die Umweltschädigung durch Pestizide, Überdüngung usw. bereits voll entbrannt war.

Die richtige Balance zwischen den drei Dimensionen Marktwirtschaft, Soziales und Ökologie immer wieder zu suchen und zu finden, halte ich nach wie vor für das Gebot der Stunde – auf nationaler und noch mehr auf europäischer und internationaler Ebene. In den Abschnitten für eine zeitgemäße Weiterentwicklung der Gemeinsamen Agrarpolitik werde ich noch genauer darauf zurückkommen. Ganz unschuldig bei der Entstehung dieses Begriffs war auch ich nicht. Bei einer Tagung des Europäischen Forums Alpbach schlug ich vor, die bewährte soziale Marktwirtschaft mit einer ökologischen Dimension zu einer »ökosozialen Marktwirtschaft« weiterzuentwickeln. Im Publikum saß damals ein Ministersekretär namens Wilhelm Molterer, und kurze Zeit später führte Riegler den Begriff erfolgreich in die politische Debatte ein.

Riegler war es auch, der 1987 eine erste Reform der österreichischen Agrarmarktordnung einleitete. Zur Vorbereitung der Reform setzte ich mich damals in Rieglers Auftrag mit den Molkereichefs im wahrsten Sinne des Wortes auseinander. Prinzipiell ging es darum, das rigide Nachkriegssystem zu lockern, in dem genau geregelt war, welcher Bauer an welche Molkerei zu liefern hatte, welche Produkte aus der Milch hergestellt wurden, dass niemand ohne Genehmigung Produktumstellungen oder Neuerungen einführen durfte. Dazu kamen komplizierte Preisausgleichssysteme, Transportkostenzuschüsse und vieles andere mehr. Das wesentliche Ergebnis der Riegler-Reform war die freiwillige Quotenstilllegung. Das bedeutete, dass ein Bauer, wenn er freiwillig weniger Milch produzierte, als er unter seiner Quote produzieren durfte, für seine Milch einen höheren Preis bekam.

Alles andere war mehr ein Andenken weiterer notwendiger Reformschritte, war mehr Diskussion als Ergebnis. Das zeigt auch wieder, wie schwierig es damals war, in der Agrarpolitik Änderungen politisch durchzusetzen.

Nachdem ich mich als Minister in die Gebräuche am Stubenring ein wenig eingelebt hatte, machte ich mich daran, etwas massiver in die Reformtasten zu greifen. Das war nicht zuletzt dem Gebot der Stunde geschuldet, dass die Beitrittsverhandlungen mit der EU immer konkreter und die möglichen Auswirkungen auf Österreichs Landwirtschaft immer deutlicher sichtbar wurden.

Bei meinem Amtsantritt hatte im Ministerium eine schlechte Stimmung geherrscht. Es gab eine Frontstellung zwischen der schwarzen und roten Beamtenschaft, und es wurde mehr gestritten als an der gemeinsamen Lösung von Aufgaben gearbeitet. Ich konsultierte einen befreundeten Unternehmensberater, der mir klipp und klar sagte: Beamte kann man nur mit Motivation für eine Sache gewinnen. Die könne man aber nicht von außen in die Struktur hineintragen, sondern nur von innen heraus entwickeln. Daraufhin richtete ich Arbeitsgruppen mit personellen Nachwuchshoffnungen ein, traf mich mit den sechs Sektionschefs in einem regelmäßigen Jour fixe, schuf eine eigene Stelle für Personalentwicklung, und wir konnten bald einmal den Knoten, der das Ministerium fesselte, lösen.

1992 gelang uns eine größere Marktordnungsreform, die Getreide, Fleisch und Milch betraf. Die österreichischen Agrarpreise lagen damals um etwa 35 Prozent über den Durchschnittspreisen in der EU, dabei waren diese damals auch in der EU viel höher als auf dem Weltmarkt. Die zur selben

Zeit durchgeführten Verhandlungen der GATT-Uruguay-Runde, die zur Gründung der Welthandelsorganisation (WTO) führten, hatten mich von der Notwendigkeit des EU-Beitritts Österreichs überzeugt. Für einen positiven Abschluss der Welthandelsrunde verlangte man von uns, die produktionsfördernden Maßnahmen massiv zu reduzieren, Exportsubventionen abzubauen und den Außenschutz gegen Importe zu verringern. Was das für Österreich bedeutete, konnte man sich leicht ausrechnen. Denn neben unseren garantierten Preisen war auch unser Außenschutz höher als in der EU. Mir war klar: Wenn wir auf uns allein gestellt die Konsequenzen aus der Uruguay-Runde stemmen müssten, ohne dass wir neue Märkte finden, dann sind wir auf verlorenem Posten. Denn ob jetzt der Druck aus der EU kommt oder von der WTO, macht keinen großen Unterschied; aber die EU bedeutete nicht nur Druck, sondern sie bot auch Chancen, weil mit einem Beitritt die bisherigen Exportbarrieren fallen würden und wir auch in den EU-Raum exportieren dürften. Da habe ich gewusst, die einzige Chance, die wir haben, ist, der EU beizutreten. Wenn wir die nicht ergreifen, dann holt uns der Teufel. Doch in Österreich gab es wenig Bewusstsein dafür, dass das alternativlos ist. Aber diejenigen, die sich auskannten, wussten, was auf uns zukäme, wenn Österreichs Landwirtschaft auf sich allein gestellt agieren müsste.

Eines leuchtete jedoch bald jedem Bauern ein: Wenn wir nur Standardware erzeugen, wenn wir die gleiche Qualität wie ein britischer oder französischer oder spanischer Großbetrieb produzieren, haben wir keine Chance. Der Ausweg war, uns durch besondere Qualität und einen möglichst hohen Verarbeitungsgrad von der europäischen Standardware abzuheben. Da habe ich den Slogan vom »Feinkostladen Österreich« erfunden, und dann haben wir die AMA (Agrarmarkt Austria) gegründet und mit ihrer Hilfe ein systematisches Agrarmarketing aufgebaut. Neben dem AMA-Gütesiegel, mit dem Produkte, die nicht Standardware waren, ausgezeichnet wurden, haben wir auch die Bioproduktion gepusht. Mir war bewusst, dass die Voraussetzung für einen Bioboom war, dass es gelingt, eine Bioschiene nicht nur in Reformläden und Bauernmärkten anzubieten, sondern auch in Supermärkten. Nachdem die Supermarktketten, ökonomisch gesprochen, ein Oligopol bilden, war klar: Wenn es uns gelingt, eine Kette für eine Bioschiene zu gewinnen, würden die anderen nachfolgen. Und so war es dann auch. Die Folgen dieser Strategie sind heute noch spürbar. Österreich hat immer noch den mit Abstand größten Anteil an Bioprodukten im europäischen Lebensmittelhandel.

Mit dem Begriff »Last der Verantwortung«, der gerne im Zusammenhang mit politischen Führungspositionen genannt wird, konnte ich schon damals nichts anfangen. Diese sogenannte Last habe ich eigentlich nie verspürt, sondern ich habe immer versucht, mir einen sehr pragmatischen Zugang zur Politik zu bewahren. Kopfnicken war auch nie so meine Stärke, da kann man jetzt leider oder Gott sei Dank dazu sagen. Und noch weniger liegt mir das Buckerlmachen. Ich konnte auch Leute nie leiden, die einem sozusagen »das Goderl kratzen« oder nur Komplimente machen. Mich interessieren Leute, mit denen man sich kritisch auseinandersetzen kann, die eine eigene Meinung haben und mit denen man über die gegenseitigen Meinungen diskutieren kann. Es muss möglich sein, sich über die Vor- und Nachteile und über das Für und Wider einer Überlegung zu unterhalten.

Aber es gibt natürlich viele Leute, die, wenn sie in höheren Positionen angekommen sind, keine Kritik mehr vertragen bzw. hören wollen.

Einen solchen Wandel hin zum Majestätischen konnte ich bei Bundeskanzler Sebastian Kurz verfolgen. Solange er Integrationsstaatssekretär war oder auch am Anfang als Außenminister habe ich mit ihm sehr gut können. Später ist es dann, von außen betrachtet, zu einer Veränderung seiner Persönlichkeit gekommen. Um diese nachvollziehen zu können, reicht mir die oft gehörte Erklärung, dass ihm halt die Macht zu Kopf gestiegen sei, bei weitem nicht. Das allein ist es nicht. Was sicher eine Rolle gespielt hat, war seine Umgebung. Man sollte nicht unterschätzen, wie wichtig es gerade in Führungspositionen ist, Mitarbeiterinnen und Mitarbeiter, Berater und Vertraute zu haben, die einem nicht nur Honig ums Maul schmieren, sondern ehrlich ihre Meinung sagen. Ich denke mir, im Fall Kurz hat sich da eine Blase von Pavianen um ihn herum gebildet, und diese Blase hat in der Folge ein Eigenleben entwickelt, das den Realitätssinn des Sebastian zunehmend getrübt hat. Macht und vor allem der Machterhalt spielen bei solchen Entwicklungen sicher ebenfalls eine große Rolle. Und offenkundig geht mit dieser Entwicklung auch die Meinung einher, dass die bestehenden Gesetze für diese Personen nicht unbedingt die gleiche Gültigkeit wie für Normalbürger haben.

Die Kraft der Mitte lebt natürlich auch von Politikerinnen und Politikern, die in der Mitte leben, die die Mitte leben, deren Handlungen ihre Überzeugungen und ihre Haltung sichtbar machen. Ich kann von mir sagen, ich habe versucht, pragmatisch und auch progressiv zu sein. Verkörpere ich damit die Mitte? Ich hoffe einigermaßen schon, denn ich war immer bei denen, die zwar einer konservativen Grundausrichtung folgten, diese aber nicht engstirnig, sondern eher liberal ausgelegt haben. Ich bin nach wie vor ein Anhänger der ökosozialen Marktwirtschaft. Das ist durch meine Herkunft aus kleinen Verhältnissen und durch mein Studium der Landwirtschaft genauso bedingt wie durch den klaren Wertebezug, den ich in meiner Erziehung und durch meine berufliche Laufbahn mitbekommen habe.

Im neuen, im Mai 2024 beschlossenen Grundsatzprogramm der deutschen CDU sehe ich mein gerade beschriebenes Mitte-Programm mit dem Leitstern der ökosozialen Marktwirtschaft eins zu eins enthalten. Und während man im derzeit gültigen ÖVP-Programm das Wort »christlich« nur selten oder gar nicht mehr findet, steht es im Programm der CDU beinahe auf jeder zweiten Seite. Natürlich kann man einwenden, dass die beiden deutschen C-Parteien das C bereits in ihrem Namen haben, und es stimmt sicher auch, dass die ÖVP als Nachfolgepartei der Christlichsozialen Partei mit ihrer Ständestaat-Geschichte immer stärker das Bürgerliche als das Christliche unterstrichen hat. Die CDU hat ihr neues Programm auch in der Opposition verfasst, wo sie stärker gezwungen ist, an einem neuen Profil zu arbeiten. Deswegen kann man durchaus der Meinung sein, dass der Wechsel aus der Regierung in die Opposition für Parteien sozusagen wie ein reinigendes Gewitter, eine Art Purgatorium, ein politisches Fegefeuer sein kann. Aber für solche Überlegungen ist die jetzige ÖVP nicht zu haben. Die heutige Devise lautet: Wir können nichts anderes außer regieren. Das führt jedoch früher oder später dazu, dass eine solche Partei immer kompromisslerischer wird und auf Dauer mehr und mehr ihr Profil verliert.

Überdeutlich wird diese Negativspirale an der von Sebastian Kurz in der ÖVP zum Maß allen politischen Handelns gemachten Handlungsanleitung, die eigenen Positionen primär an den Umfrageergebnissen zu orientieren und mithilfe der sogenannten Message Control zu uniformieren. Damit begibt man sich gleichzeitig auf ein völlig unberechenbares Terrain, denn die Vox populi ist ein unsicherer Kantonist, der sich ständig wandelt und einmal so und das nächste Mal schon wieder anders tönt. Als Gegenmodell, das einer Partei der Mitte besser ansteht, erwähne ich die bereits zitierte Überzeugung der beiden ÖVP-Gründer Figl und Raab: Die Kunst in der Politik ist nicht, den Leuten zu sagen, was sie gerne hören, sondern das politisch Notwendige den Leuten so zu vermitteln, dass sie dabei mitgehen. Da besteht dringender Handlungsbedarf. Wo ist die klare ÖVP-Position bei den wichtigsten Themen unserer Zeit? Welche Klimapolitik will sie? Wie soll der Vergreisung Österreichs begegnet werden? Ist Ausgrenzung die richtige Migrationspolitik? Wie wollen wir künftig unsere Sicherheit garantieren?

Dass man zunehmend Positionen des rechten Randes teilweise zu den eigenen macht, deutet nicht nur auf eine gewisse Ratlosigkeit hin, sondern auch darauf, dass man bereit ist, die Mitte zu verlassen. Der ÖVP droht ihre Breite abhandenzukommen, und auch der Toleranzpegel gegenüber Andersdenkenden wird niedriger. Will die ÖVP die politische Mitte wiedergewinnen, muss sie sich dorthin und nicht davon wegbewegen. Sie muss die Menschen dafür gewinnen, was in der jeweiligen Situation notwendig ist, welche politische Antwort auf die gesellschaftlichen, sozialen oder wirtschaftlichen Fragen unserer Zeit gegeben werden muss. Das Programm und die Wertevorstellungen einer Partei geben die Richtung vor.

Wobei ich hier meine Politikergeneration gar nicht aus der Verantwortung nehmen möchte. Erhard Busek hat bereits 2010 ein Buch herausgebracht, zu dem ich auch einen Beitrag beisteuern durfte. Der Titel dieses Buches lautet: »Was haben wir falsch gemacht?« Das ist eine berechtigte Frage, die man stellen muss. Ich fühle mich von dieser Frage durchaus angesprochen. Ich bekenne mich dazu, dass wir Dinge falsch gemacht haben. Gerade was die Beliebigkeit in den Wertvorstellungen betrifft, die sinkende Wertschätzung unseres demokratischen, republikanischen Systems oder die wieder erstarkende Sehnsucht nach dem starken Mann in der Politik – da hat meine Generation zu wenig Flagge gezeigt. Das ist auch der Grund, warum ich gemeinsam mit anderen meiner Generation aus Politik, Wissenschaft, Wirtschaft und Kultur die Initiative »Für Demokratie und Rechtsstaat – keine Regierung mit der FPÖ« unterstütze – vor der Wahl und nach der Wahl.

Auch in Brüssel werden wir Österreicher mittlerweile zunehmend als Schlawiner betrachtet mit einem schlampigen Verhältnis zur EU, mit Seitenblicken und Avancen. Manchmal habe ich den Eindruck, dass wir nahezu Angst davor haben, ein klares Profil zu zeigen. Aber auf diese Weise entsteht kein Schwung, keine Kraft, denn damit ein Rad in Schwung kommt und sich kräftig drehen kann, braucht es eine Nabe, einen Fixpunkt, eine starke Mitte und viel Energie.

Noch einmal auf die Busek-Frage – »Was haben wir falsch gemacht?« – zurückkommend: Wenn man sich anschaut, wie demokratiefeindlich das politische Umfeld mittlerweile geworden ist und wie die (un-)sozialen Medien das Klima zusätzlich vergiften und die klassischen Medien keine wirklichen Kontrapunkte setzen, dann wundert es einen nicht, dass immer weniger fachlich wie menschlich qualifizierte junge Menschen sich in den politischen Raum begeben. Da muss man schon einen, sagen wir einmal, guten Humor haben, wenn man als talentierter, gut ausgebildeter junger Mensch, der in der Privatwirtschaft möglicherweise das Doppelte verdienen könnte, in die Politik geht, um sich dort dann von den Medien und von politischen Mitbewerbern vorführen oder sich gar mit ins Privatleben reichenden Vorhaltungen ans Bein pinkeln zu lassen. Auch das Politik-Bashing gehört auf die Mea-Culpa-Liste der Antworten auf die Frage, was wir falsch gemacht haben bzw. falsch machen. Andere europäische Länder – siehe Norwegen, siehe Irland – zeigen vor, dass es auch anders geht, dass die Rolle der Politik noch geschätzt wird, genauso wie die Menschen, die sich dafür engagieren.

Nach diesem ideologischen Ausflug zurück in die Zeit, als mich Josef Riegler für das Amt des Landwirtschaftsministers gewann. Die ÖVP ist bei den Wahlen im November 1990 von 41,3 auf 32,1 Prozent abgestürzt. Daraufhin wurde Riegler als Obmann der Volkspartei von Erhard Busek abgelöst. Ich habe bei dem vorangegangenen, vom Jugoslawien-Krieg überschatteten Parteitag so wie Riegler den »liberalen« Busek gegen den »konservativen« Bernhard Görg unterstützt, obwohl dieser persönlich weniger konservativ war als die meisten seiner Unterstützer. Nach dem überraschend klaren Erfolg Buseks hat sich auch das Koalitionsklima wieder entspannt: Vranitzky ist schon mit Riegler weitaus besser ausgekommen als mit Alois Mock, aber Busek war die beste Garantie gegen die damals schon immer wieder auftauchende »schwarz-blaue Versuchung«.

Für mich war es ein Vergnügen, mit Vizekanzler Busek zusammenzuarbeiten, den ich aus KHG-Zeiten kannte und der ein begnadeter Vertreter des typischen »Wiener Schmähs« war. Für die Agrarpolitik hat sich Busek nicht wirklich interessiert, er hatte anderes zu tun, sein Stehsatz mir gegenüber lautete: »Franz, hör auf, mir deinen Vorschlag erklären zu wollen, sag mir nur, was es kostet.« Gegenüber der FPÖ unter Haider haben wir auf Ausgrenzung gesetzt. Wir alle, Bundeskanzler Vranitzky, genauso aber Parteiobmann Erhard Busek und Wolfgang Schüssel, waren der Meinung, dass mit diesen Leuten kein Staat zu machen sei. Eine Position, die sich aufgrund der Frontstellung beim Thema EU noch verstärkte.

Alois Mocks Gesundheitszustand hat immer mehr Mitleid ausgelöst, darauf angesprochen werden wollte er aber nicht. In der Regierung sind Alois Mock und ich immer gut miteinander ausgekommen. Gemeinsam mit seiner Gattin Edith hat Mock regelmäßig in Judenstein bei Rinn in der Nähe von Hall Skiurlaub gemacht. Einen gemeinsamen Skitag nutzte ich dafür, den damaligen Chef der wirtschaftspolitischen Sektion in Mocks Außenministerium als Verhandlungsführer für die Landwirtschaftsverhandlungen mit der EU zu gewinnen. Während der ersten Fahrt am Schlepplift schilderte ich Alois mein Problem, nämlich dass ich einen guten Verhandlungsführer auf Beamtenebene brauchen würde, aber im Landwirtschaftsministerium keinen zur Verfügung hatte. Alois bestärkte mich in meiner Ansicht und meinte: »Jaja, da brauchst du wirklich einen Top-Mann, einen erfahrenen Verhandler in internationalen Verhandlungen.« Dann ging es den Hang hinunter, und wir stellten uns zur nächsten Bergfahrt an. Wie wir wieder hinauffuhren, wurde ich dann konkret und nannte ihm den von mir gewünschten Beamten, Botschafter Harald Kreid aus seinem Ministerium. Da wären wir fast aus der Liftspur geflogen, so entsetzt war Mock von meinem Ansinnen. Einige weitere Bergfahrten waren notwendig, dann gab Mock seinen Experten frei, und ich hatte Harald Kreid in meinem Team und damit eine zentrale Stütze für die EU-Beitrittsverhandlungen gewonnen. Aber an diesem Skitag in Tirol wussten wir beide noch nicht, dass neben der Landwirtschaft vor allem das für Tirol zentrale Thema Transit die Schlussverhandlungen für unseren EU-Beitritt dominieren würde.

KAPITEL 10

HARTBERG IN DER STEIERMARK, BEITRITTSVERHANDLUNGEN UND VOLKSABSTIMMUNG

Parallel zu den Verhandlungen über unseren EU-Beitritt in Brüssel und insbesondere danach im Vorfeld des Referendums im Juni 1994 waren wir als eine Art politische Handelsreisende mit den EU-Vor-, aber auch -Nachteilen im Gepäck landauf, landab in Österreich unterwegs. So fachlich fordernd und verhandlungstechnisch stressig sich die Verhandlungen auf EU-Ebene gestaltet hatten, insgesamt aufwändiger war sicher die Überzeugungsarbeit zu Hause. Ich war ständig auf Achse. Vor und besonders nach den Schlussverhandlungen in Brüssel gab es viele, viele Veranstaltungen, bei denen wir als Regierung, aber auch die Sozialpartner oder in meinem Bereich die Agrarlandesräte, die Bauernbundpräsidenten und viele andere, erklärten, was der EU Beitritt, aber auch der Nichtbeitritt bedeuten würde. Bundeskanzler Franz Vranitzky musste das Verhandlungsergebnis insbesondere den sehr skeptischen Gewerkschaften verkaufen. Das war genauso wenig einfach wie meine Aufgabe, das Ergebnis den Bauern und dem Agrarsektor zu vermitteln. Meine erste große Versammlung nach der Rückkehr aus

Brüssel fand in einem Gasthof in der Steiermark statt. Das Interesse war riesig, der Saal fasste 700 Personen, war brechend voll und vor jedem der offenen Fenster standen draußen auf dem Vorplatz zusätzlich Menschentrauben. Ich versuchte mit realistischen Einschätzungen dessen, was auf die Bauern und die ländliche Bevölkerung zukommt, Vertrauen zu gewinnen; denn die größte Gefahr, die auch die Gegner des Beitritts nutzten, war, dass die Bauern sagten: Der erzählt uns zwar schöne Geschichten, aber wer weiß, ob das stimmt.

Kurze Zeit später hatten wir ebenfalls in der Steiermark eine Veranstaltung mit mehr als 1000 Leuten. Überraschenderweise kam da auf einmal immer häufiger das Argument, dass die jungen Bauern keine Frau mehr fänden und es deswegen schlecht sei, wenn wir in die EU gingen. In dieser Halle fing auch ein Bauer nach dem anderen zu jammern an, dass sein Bub keine Frau finde … Irgendwann wurde mir die Sache zu blöd und ich sagte: »Also, meine Herren, jetzt sage ich euch eines: Wenn ihr noch weiter eure Söhne für impotent erklärt, dann gehe ich!« Da hatte ich die Lacher auf meiner Seite.

Es war ja nicht so, dass nur wir Befürworter des Beitritts unterwegs waren. Vor allem in Oberösterreich, teilweise auch in Salzburg, gab es eine Gruppe von Leuten, die zu jeder Veranstaltung kam, an sich mit Landwirtschaft nichts zu tun hatte und im Stile von Sektenpredigern agierte. Die sind mit uns von einer Versammlung zur nächsten mitgezogen. Egal ob ich im Mühl-, im Inn- oder im Traunviertel einen Vortrag hielt, immer war dieselbe Gruppe da. Diese Leute erzählten völlig wirres Zeug. Die Bauern lachten sie immer aus. Für mich waren sie so gesehen eher nützlich, weil ich ja nur sagen musste: »So, jetzt habt ihr gehört, was die Alternative ist.« Eine Dame, kann ich mich erinnern, hat immer die These vertreten, dass die ganze EU ein ungläubiger Haufen sei und nur von Freimaurern diktiert werde. Dann waren natürlich immer einige dabei, die alle Haider-Argumente nachbeteten und uns vorwarfen, dass wir in Brüssel in den Verhandlungen Österreich im Allgemeinen und die österreichische Landwirtschaft im Besonderen verraten und verkauft hätten. Insbesondere an der bayerischen Grenze zu Oberösterreich, in den Bezirken Braunau, Ried und Schärding, hat es eine Reihe von Veranstaltungen gegeben, zu denen Vertreter des Bayerischen Bauernverbands kamen, die massiv gegen die EU Stimmung machten. Sie schilderten, wie furchtbar die EU für die Bauern sei und was sie alles mitmachen müssten, obwohl es ihnen in Wahrheit nicht schlecht gegangen ist. Doch die Bayern waren es gewohnt, über die EU zu schimpfen. Die Unsrigen haben das dann auch bald gelernt.

Um diesen Negativkampagnen entgegenzutreten, haben wir das Verhandlungsergebnis an konkreten Fallbeispielen erklärt. Was bedeutet der EU-Beitritt für einen Milchbetrieb, für einen Ackerbauern oder für einen Bergbauern? Damit wir für diese Prognosen eine solide Grundlage hatten, luden wir Landwirte aus allen Produktionssparten ein, ihr Betriebsgeschehen durchleuchten zu lassen, sodass wir auf Schilling und Groschen vorrechnen konnten, was der EU-Beitritt für den jeweiligen Bauern bedeutete. In den Fällen, wo infolge des Beitritts ein Minus herauskam, haben wir mit diesen Bauern gemeinsam überlegt, wie die prognostizierten Einkommenslücken zum Beispiel durch neue Förderungen oder Umstellungen im Betrieb geschlossen werden könnten. Aber über all dem stand die Frage: Wohin wollen wir überhaupt mit der österreichischen Landwirtschaft nach dem EU-Beitritt? Aus dieser Überlegung heraus entstand die im vorigen Kapitel beschriebene Strategie, Österreich als den Feinkostladen Europas zu positionieren.

Für die Agrarverhandlungen selbst nahmen wir uns die Beitrittsbedingungen von Spanien und Portugal zum Vorbild und verlangten lange Übergangsregelungen sowie Ausgleichszahlungen für jene Bauern, die durch den Preisrückgang Verluste erlitten. Zusätzlich machten wir die durch unsere Kleinstrukturen und unsere Lage im Alpenraum bedingten Erschwernisse geltend und verlangten entsprechende Ausgleichszahlungen. Ähnliches verlangten die Schweden, Finnen und Norweger, wobei sie ihre Argumentation hauptsächlich aus den klimatischen Erschwernissen ihrer Nordlage herleiteten. Wir vier Kandidatenländer haben uns immer eng abgestimmt, und mit der Zeit wurde ich so etwas wie der Agrarsprecher der Kandidaten.

Im März 1994 lud dann der Außenministerrat, der damals politisch für die Erweiterung zuständig war, zusammen mit der Kommission zur sogenannten »Elefantenrunde« nach Brüssel ein, um die Beitrittsverhandlungen mit den vier Kandidaten abzuschließen. Zu Beginn dieser Verhandlungen erlebten wir Agrarvertreter zunächst einmal einen großen Schock. Man teilte uns mit, dass das davor über drei Jahre hindurch verhandelte Beitrittsmodell mit den langen Übergangsregelungen nicht in Frage komme. Ich kontaktierte daraufhin den für internationale Angelegenheiten zuständigen obersten Agrarbeamten Rolf Möhler, um mich über diesen Affront den Kandidaten gegenüber zu beschweren. Er teilte mir – selbst mächtig frustriert – mit, dass in der Kommission nunmehr einige »Ajatollahs« das Sagen hätten; er könne mir nur raten, so viel Fördergelder wie möglich herauszuverhandeln. Diese Ajatollahs aus der Generaldirektion für Äußere Angelegenheiten – das habe ich erst später in meiner Zeit als Kommissar erfahren – waren der Meinung, dass die Kandidatenländer keine Übergangsregelungen zur allmählichen Marktöffnung brauchen würden, weil sie ohnedies reich seien.

In unserer Delegation war Feuer am Dach, und meine Agrarvertreter wären am liebsten gleich wieder nach Hause gefahren. Ich versuchte, sie zu beruhigen, und habe mit meinem Team über Nacht ein alternatives Verhandlungsmodell ausgearbeitet. Dieses sah zusätzlich zu den Flächenprämien der EU umfangreiche Förderungen in Form von Leistungsabgeltungen für die nicht marktgängigen Dienstleistungen vor, im Klartext: die Abgeltung der Umweltleistungen, Erschwernisabgeltungen für die von Natur aus benachteiligten Bauern, Investitionshilfen und großzügige Produktionsquoten. Schließlich gelang es uns, dieses Konzept größtenteils durchzusetzen; das ist auch der Grund, warum heute noch die EU-Leistungen zur Förderung der ländlichen Entwicklung für Österreich größer sind als die flächenbezogenen Grundprämien. Allerdings muss man bedenken, dass die Grundprämie zu 100 Prozent aus dem EU-Budget bezahlt wird, während die ländliche Entwicklungsförderung zur Hälfte aus dem nationalen Budget aufgebracht werden muss. Bundeskanzler Vranitzky und Finanzminister Lacina erklärten sich damals bereit, diese nationalen Mittel aufzubringen – und das ist bis heute so geblieben.

Später hat sich zudem herausgestellt, dass die damalige Weigerung der sogenannten »Ajatollahs«, umfangreiche

Übergangsregelungen für Österreich zu akzeptieren, die Exportorientierung unserer Landwirtschaft und Lebensmittelindustrie enorm stimuliert hat mit der Konsequenz, dass heutzutage die Erlöse aus dem Export höher sind als die Erlöse auf dem Heimmarkt. Doch nach dem Abschluss der Beitrittsverhandlungen galt es als Nächstes, das in der Verfassung vorgesehene Referendum zu gewinnen. Dazu war es eben auch notwendig, eine positive Stimmung bei den Landwirten, Verarbeitern und Konsumenten zu erzeugen. Da waren nicht nur die unsinnigen Behauptungen des Jörg Haider von der »Blutschokolade« oder den Läusen im Joghurt zu entkräften, sondern es galt auch klarzustellen, dass die Gelder aus Brüssel langfristig fließen werden und nicht nur einmalig, um die Bauern zu überreden, »Ja« zur Mitgliedschaft zu sagen.

Dass dem nicht so war, zeigt ein Erlebnis, das ich im Jahr nach unserem Beitritt in meiner Tiroler Heimat hatte. Es zeigt auch, dass man mit der Zeit auch in Österreich begriffen hat, dass das, was wir bei den Beitrittsverhandlungen durchsetzen konnten, für das Land und die Landwirtschaft günstig war. Aber in der Anfangszeit war noch sehr viel Misstrauen vorhanden.

Als ich also im August 1995 zu Hause Urlaub machte, wurde ich nach Brandenberg eingeladen. Das ziemlich großflächige Dorf liegt im Bezirk Kufstein, und die Gemeinde umfasst ein weitläufiges Almgebiet und sehr viel Wald, dessen Eigentümer die Österreichischen Bundesforste sind. Zehn Almen sollten mit Wegen erschlossen werden. Das Problem bestand aber darin, dass man zu diesen Almen, die verschiedenen Bauern gehören, nur über Bundesforste-Grund zufahren kann. Es wurde viele Jahre darüber gestritten, einen Zufahrtsweg bauen zu können. Den Streit habe ich dann als Minister beendet, indem ich ein Wegprojekt ausarbeiten und umsetzen ließ. Im Sommer 1995 fand dann die Einweihungsfeier für den neuen Weg mit mir als Ehrengast statt.

Die Feier war recht nett und lustig, es wurde gut gegessen und getrunken, doch da kam der Bauernchef der Gemeinde zu mir und sagte: »Wir Bauern möchten etwas mit dir besprechen!« Vor den anderen Leuten wollten sie aber nicht reden, deswegen hatten sie hinter dem Haus einen Tisch aufgestellt. »So, was ist, um was geht es?«, habe ich offen heraus die Runde gefragt. Erst haben sie noch herumgedruckst, dann rückte der Ortsbauern-Chef mit der Wahrheit heraus: »Wenn wir ehrlich sind, möchten wir eigentlich nur eines wissen.« – »Ja, was?«, fragte ich. – »Sag uns nur, wie lange gibt es die Geldhaufen von der EU noch?« Übersetzt heißt das, die Bauern haben geglaubt, sie bekommen die EU-Förderungen nur einmal. Und unsere Versprechungen vor dem EU-Beitritt waren nur ein Köder. Als ich den versammelten Brandenberger Bauern sagte, dass das, was sie bekommen haben, keine Einmalzahlung war, sondern dieses Geld jedes Jahr fließen wird, waren sie im ersten Moment sprachlos. Die Wegeinweihungsfeier wurde daraufhin noch lustiger.

Ziemlich ernst wurde es allerdings in der Schlussrunde unserer Beitrittsverhandlungen beim Thema Transit. Das war wirklich eine harte Nuss. Der Druck war enorm. Die Franzosen sahen im Transitthema eine Möglichkeit, den Beitritt Österreichs zu verhindern. Frankreich fürchtete nämlich, mit unserem Beitritt würde eine deutschsprachige Übermacht entstehen. Um das zu verhindern, schreckten sie auch nicht vor den sagenhaftesten Geschichten zurück. So hatten sie zum Beispiel die Kühnheit zu behaupten, der Umwegtransit würde über Frankreich fließen und nicht über den Brenner. Mit derartigen Abstrusitäten sind sie während der Verhandlungen hausieren gegangen. Die Bedeutung und Dramatik der Transitfrage ist auch daran abzulesen, dass wir rund zwei Drittel der Zeit in den Schlussverhandlungen nur über den Transit verhandelt haben. Verkehrsminister Viktor Klima wollte schon zurücktreten, ihm ist das alles sehr nahegegangen. Am Schluss wurde es dann ziemlich dramatisch, da sind auch Tränen bei manchen Anwesenden geflossen. Das Thema war für mich auch als Tiroler schwierig, weil es vor allem um den Transit über den Brenner ging. Hinzu kam, dass in Tirol Landtagswahlkampf war. Der damalige Tiroler Landeshauptmann Wendelin Weingartner ließ unserem Chefverhandler Alois Mock ausrichten: Wenn am bisherigen bilateralen Transitvertrag auch nur ein Beistrich geändert werde, dann brauchen die Verhandler gar nicht mehr heimzukommen. Als nichts mehr ging, schaltete sich EU-Kommissionspräsident Jacques Delors als Vermittler zwischen dem französischen Präsidenten und der österreichischen Regierung ein. Am Ende kam er mit einer handgeschriebenen Kompromissformel zu uns. Wir haben noch ein, zwei Details verändert, und die Sache war durch. Insofern sehe ich Delors mit Fug und Recht als die »Hebamme« unseres EU-Beitritts.

Ein Mann, der Österreich beim EU-Beitritt ebenfalls sehr geholfen hat, ist hier unbedingt noch zu erwähnen, nämlich der deutsche Bundeskanzler Helmut Kohl. Er hat sich schon im Vorfeld der Verhandlungen immer wieder für den Beitritt Österreichs stark gemacht, ist bei den jährlichen Treffen der europäischen Christdemokraten für Österreichs Mitgliedschaft eingetreten und hat zur Schlussrunde sogar seinen Kabinettschef Joachim Bitterlich nach Brüssel geschickt, um sicherzustellen, dass wir gut behandelt wurden.

Damit man sich unter den Beitrittsverhandlungen das Richtige vorstellt und um der geschichtlichen Wahrheit gerecht zu werden, muss ich noch kurz erläutern, wie die Verhandlungen abgelaufen sind. Erstens waren die Platzverhältnisse mehr als beengt. Unsere Delegation saß in einem für die Anzahl der anwesenden Personen viel zu kleinen Raum zusammen, in dem es nur Stühle für rund ein Dutzend Leute gab. Finanzminister Lacina und ich haben einen Schreibtisch okkupiert, auf dem wir dann die drei Verhandlungstage und -nächte gesessen sind. Verhandelt haben die meiste Zeit die Außenminister der Mitgliedsstaaten unter sich, weil sie ja für alle Vereinbarungen, die sie mit uns trafen, einen gemeinsamen Standpunkt brauchten. Alle paar Stunden ist dann Alois Mock in den Kreis der Außenminister eingeladen worden; und meistens hat er dazu ein, zwei Leute mitnehmen können. Dort hat er die Anliegen Österreichs vorgetragen und auch die Positionen der Mitgliedsstaaten mitgeteilt bekommen. Dann war der Gesprächsslot wieder zu Ende. In der Zwischenzeit saßen wir in unserem Raum und warteten. Da konnte es aber auch sein, dass plötzlich die Tür aufging und der deutsche Außenminister Klaus Kinkel in den Raum rief: »Hallo, kann mir hier mal jemand sagen, was Mutterkühe sind?« Dann habe ich mich gemeldet und ihm das Thema erklärt. Kinkel ist wieder zurück in die Außenministerrunde gerauscht, um nach einiger Zeit wiederzukommen und mich zu fragen: »Sind für die Österreicher 270 000 Mutterkühe genug?« Da habe ich einmal groß geschaut, weil wir schon mit einer Quote von 50 000 zufrieden gewesen wären, habe aber schnell reagiert und geantwortet: »Na ja, also ich glaube, mit dieser Zahl könnten wir schon leben.« Dann ist er wieder gegangen. Und so sind diese sogenannten Verhandlungen über ein Thema nach dem anderen die ganze Zeit dahingegangen.

Vor allem in der Nacht war das stundenlange Warten natürlich auch langweilig. Zur Abwechslung bin ich einmal mit Wolfgang Schüssel auf Erkundungstour gegangen. Den langen Gang entlang, an dem links und rechts die Türen zu den Delegationsräumen waren und der »Straße der Intrigen« geheißen hat. Da wurden bewusst Gerüchte in die Welt gesetzt, und wenn man der Sache nachgegangen ist, hat kein Mensch etwas davon gewusst. Aber solche Gerüchte konnten natürlich ein ungutes Eigenleben entwickeln und, wenn sie an die Presse gelangten, die Verhandlungen noch mehr erschweren und verkomplizieren.

Einmal wäre uns in der angespannten Endphase das Heft des Handelns tatsächlich beinahe noch entglitten. Der damalige ORF-Korrespondent Günter Schmidt kam aufgeregt zu uns und berichtete, Alois Mock habe ihm gerade ein Fernsehinterview gegeben und gesagt: »Wir fahren nach Hause. Wir werden schlecht behandelt, wir lassen uns das nicht länger bieten.« Schmidt sagte, er könnte das jetzt senden, er wolle aber aufgrund der enormen Bedeutung dieser Aussage diese sicherheitshalber noch einmal gegenchecken. Wir haben dann sofort mit Alois Mock gesprochen; letztlich wurde die Aufnahme nie gesendet. Mock wollte wahrscheinlich mit diesem Ausritt versuchen, mehr Druck aufzubauen, die totale Frustration, die zeitweise in bestimmten Verhandlungsphasen herrschte, dürfte dabei eine Rolle gespielt haben. Die norwegische Delegation hat einen solchen Schritt gesetzt und ist tatsächlich ohne Ergebnis heimgefahren. Zwei, drei Wochen später kamen sie zum Weiterverhandeln wieder nach Brüssel, mussten dann aber auch wieder am Stand von vorher weitermachen. Ihre Verhandlungen mit der EU konnten sie schließlich doch noch erfolgreich abschließen; der Beitritt scheiterte aber dann am negativen Ausgang des Referendums.

Das überwältigende Ergebnis einer Zweidrittelmehrheit für den EU-Beitritt in Österreich verdankt sich nicht zuletzt unserer professionell geplanten und umgesetzten Überzeugungsarbeit zu Hause. Je näher das Datum der Volksabstimmung rückte, desto emotionaler wurde die Debatte, und desto überzogener wurden die Argumente der Beitrittsgegner. Haiders Läuse im Joghurt zum Beispiel oder dass uns die Spanier unser Wasser abgraben würden. Die Unterstellungen waren schon mit freiem Auge erkennbar so absurd, dass man eigentlich nur mehr sagen musste: »Die Gegner behaupten A, B, C, D – glaubt ihr das? Wenn nicht, dann reden wir über das, worum es wirklich geht.« Das zeigte Wirkung.

Dass man ohne Emotionen keine Wahlen und auch diese Volksabstimmung nicht gewinnen konnte, war uns völlig klar. Deswegen engagierten wir einen Experten für Konfliktforschung, der die emotionale Schiene des möglichen EU-Beitritts analysierte. Warum zum Beispiel standen Frauen der EU deutlich skeptischer gegenüber als Männer? Er erklärte uns, dass die EU in der kalten Rationalität, in der sie sich präsentiere, wie ein Mann wirke und als eher gefühllos empfunden würde. Diese und andere Erkenntnisse ließen wir anschließend in unsere Kampagnenstrategie einfließen. Entscheidend für den Erfolg war, dass wir allfälligen Vorwürfen, die Regierung würde nicht oder zu wenig informieren, von vornherein jeden Wind aus den Segeln nahmen. Zum Symbol für absolute Transparenz und vollumfängliche Information schlechthin wurde das Europatelefon, dessen Nummer im ganzen Land plakatiert wurde. Ich bin nach wie vor überzeugt, dass diese Info-Hotline und ihre Bewerbung viel zum Vertrauensgewinn beigetragen haben. Denn das Europatelefon erlaubte Dialog und schaffte damit einen großen Mehrwert gegenüber einer einseitig ausgerichteten Informationskampagne.

Die Europatelefonnummer war auch in den mehrstündigen ORF-Fernsehsendungen am Ende der Kampagne immer prominent platziert. Im Finale vor der Abstimmung wurden in mehreren Live-Diskussionen unter der Leitung des damals sehr beliebten Moderators Walter Schiejok noch einmal die Hauptthemen des Beitritts diskutiert. Die letzte Fernsehdiskussion in dieser Reihe war dem Thema Landwirtschaft gewidmet, fand wieder in der Steiermark statt und wurde unter den Agrariern als »die Schlacht von Hartberg« bezeichnet. Ich hatte mir natürlich die früheren Sendungen angeschaut und bemerkt, dass die Pro-Beitritts-Vertreter manchmal im Nachteil waren, weil sie nicht aktiv genug auftraten. Damit uns das nicht passierte, stellte ich eine Beratungsfirma an, mit der unsere Gruppe systematisch ein Medientraining vor Ort absolvierte. Das Sendungsformat war immer das gleiche: Im Saal gab es das Lager der Befürworter und das der Gegner; zudem waren da noch Experten und politische Verantwortungsträger anwesend. In unserem Fall waren das Finanzminister Ferdinand Lacina und ich. Zunächst hatte es geheißen, dass auch Jörg Haider als prominentester Kopf der Beitrittsgegner kommen sollte. Aber der hatte schon gerochen, dass bei dieser Schlacht nichts mehr für ihn zu gewinnen war und blieb fern. An Haiders Stelle kam ein alter Kärntner FPÖ-Abgeordneter, bekannt als der »Huberbauer«. Der jammerte wie gewohnt und meinte: »Wenn wir in die EU kommen, werde ich mir nicht einmal mehr Butter und Käse auf dem Brot leisten können.« Die Veranstalter hatten dem Thema entsprechend verschiedene landwirtschaftliche Produkte als Dekoration in der Halle aufgestellt, darunter war auch ein Käselaib. Als der Huberbauer mit dem Jammern und Klagen nicht aufhörte, konnte ich nicht mehr ruhig sitzen bleiben. Ich stand auf, holte mir den Käselaib und trug ihn zum Tisch der Beitrittsgegner, verfolgt von den Blicken der völlig überraschten Zuschauer, die darauf warteten, was jetzt passieren würde. Dann überreichte ich dem Abgeordneten Huber den Laib Käse und sagte: »Du armer Mensch, nimm den Käse, damit du nicht verhungern musst.« Ich hatte damit das Momentum und die Lacher des Publikums im Saal und zu Hause vor den Fernsehapparaten auf meiner Seite. Die Umfragen nach der Sendung bestätigten uns, dass wir dieses Match haushoch gewonnen hatten. Angeblich brachte allein diese eine Sendung bis zu drei Prozentpunkte mehr Zustimmung für den Beitritt in der landwirtschaftlichen Bevölkerung.

Vor der Abstimmung war ich mir nicht sicher, ob die Mehrheit der Österreicher dem Beitritt zustimmen würde. Dass dann die Zustimmung mit über 66 Prozent mehr als positiv ausfiel, ließ unsere Freude über das gelungene Projekt umso größer ausfallen. Wichtig war natürlich auch, dass in dieser Vorbereitungsphase für den Beitritt die Koalition aus

SPÖ und ÖVP so funktionierte, wie eigentlich normalerweise nur eine monocolore Regierung funktioniert, möglicherweise sogar noch besser. Es gab kaum Streit. Alle gebrauchten dieselben Argumente, und es gelang nicht, die eine Seite der Koalition gegen die andere auszuspielen. Das war entscheidend für den Erfolg und beweist, wie viel Schwung, wie viel Sog, wie viel Kraft die Mitte auslösen und damit die Ränder marginalisieren kann – wenn sie sich um die Positionen der Mitte schart und sich nicht von den Rändern Positionen diktieren lässt.

Nach dem Beitritt hat in den ersten beiden Jahren die Zustimmungsrate aus der Volksabstimmung gehalten. Dass sie danach gesunken ist und mittlerweile laut Eurobarometer zu den niedrigsten in der Union zählt, hat viele Gründe. Einen entscheidenden Einfluss hatte sicher, dass das Anspruchsdenken immer größer wurde. Dann kam die EU-Erweiterung, und unsere Sicht war vor allem: Da kommen neue Konkurrenten – und nicht, da kommen neue Chancen. Eine große Rolle spielt, dass insgesamt das Vertrauen in die Politik gesunken ist. Daher muss man überlegen, wie die Stimmung in Österreich zum Positiven geändert werden kann. Mein Vorschlag dazu ist, eine zukunftsgerichtete, enkeltaugliche Geschichte von Europa zu erzählen, die positive Emotionen weckt. Oder wie es Erhard Busek formuliert hat: »Wir dürfen nicht aus Provinzialismus Europa verlieren. Provinz ist nämlich keine Region, sondern eine geistige Grundhaltung, die es in Österreich eigentlich nicht geben darf!« Und noch eines sei hinzugefügt: Setzen wir wesentlich stärker auf mehr Frauen und mehr jüngere Leute in der Politik.

KAPITEL 11

BRÜSSEL, EU-KOMMISSION
RUE DE LA LOI – WETSTRAAT

Im Sommer 1994 wurde der luxemburgische Ministerpräsident Jacques Santer zum Präsidenten der Europäischen Kommission designiert. Ein Mann der Mitte, so wie sein Nachfolger Jean-Claude Juncker. Kurz darauf fand ein Parteiobleute-Treffen der Europäischen Volkspartei statt. Santer nahm während dieser Veranstaltung den österreichischen ÖVP-Chef Erhard Busek zur Seite und machte ihm ein Angebot: Er wäre bereit, das wichtige Agrarportfolio den Österreichern unter der Bedingung zu geben, dass ich nominiert werde. Das Angebot kam insofern überraschend, als Santer und ich uns zu dem Zeitpunkt lediglich vom Namen her kannten. Zusammengeschlossen hat uns mein Draht zu Santers Kabinettschef Jim Cloos, der diese Rolle bereits beim vorherigen Kommissar für Landwirtschaft, dem Luxemburger René Steichen, innegehabt hatte. Mit Steichen und Cloos war ich während unserer Beitrittsverhandlungen in regem Austausch, dabei lernten sie mich und mein Verständnis von Landwirtschaft schätzen, und so entstand die Idee, in der neuen Kommission unter Präsident Santer diesen Österreicher zum Agrarkommissar zu machen. Busek war von Santers Vorschlag sofort begeistert; seit kurzem erst Mitglied in der EU, und schon kann der erste österreichische Kommissar – noch dazu aus der eigenen Partei – ein zentrales Ressort erhalten. Busek musste natürlich Bundeskanzler Vranitzky für dieses Angebot aus Brüssel gewinnen, doch die größten Bedenken, diesen Job zu machen, hatte ich selbst. Busek wischte meine größte Sorge, dass ich in Englisch alles andere als sattelfest sei, vom Tisch, indem er meinte: »Du musst das machen! Und Englisch kann man ja lernen.« Schließlich sagte ich zu. Nachdem Finanzminister Lacina, der sich auf sozialdemokratischer Seite als Kandidat empfohlen hätte, kein großes Interesse in diese Richtung zeigte, ist meine Nominierung in Österreich dann glatt über die Bühne gegangen.

Der Bestellung eines Kommissars ging schon damals ein Hearing voraus. Dafür schickte das Europäische Parlament eine Fragenliste an die Kandidaten, die zunächst schriftlich beantwortet werden musste. Dies war aber nur in Zusammenarbeit mit der zuständigen Generaldirektion möglich, in meinem Fall umfasste mein Antwortschreiben circa 500 Seiten. Im Hearing selbst wurden dann die Kandidaten in einer kreuzverhörartigen Debatte drei Stunden lang »gegrillt«. Ich hatte dabei keine besonderen Schwierigkeiten, nur bei einer Abgeordneten aus Deutschland musste ich auf ihre Frage zu einem bestimmten Absatz aus der Verordnung Nummer sowieso aus dem Jahr sowieso nachfassen: »Sehr geehrte Frau Abgeordnete, schauen Sie, es tut mir sehr leid, aber Sie wissen ja, wir Österreicher sind neu in der Europäischen Union, und daher bin ich mit der Nomenklatur noch wenig vertraut. Aber wenn Sie mir in etwa sagen, was in diesem Absatz steht, bin ich gerne bereit, dazu Stellung zu nehmen.« Daraufhin stand sie auf und verließ das Hearing; es stellte sich heraus, dass ihre Assistentin diese Frage ausgearbeitet hatte, sie selbst aber gar nicht wusste, worum es ging. Prinzipiell bin ich mit dem Parlament immer gut ausgekommen. Ich habe mich aber auch immer um ein gutes Verhältnis zu den Abgeordneten bemüht.

Meine Feuertaufe erlebte ich im März 1996. Nach einem Telefonanruf des britischen Landwirtschaftsministers Douglas Hogg war von einem Tag auf den anderen alles anders. Hogg informierte mich, dass nach ihm vorliegenden Erkenntnissen BSE (besser bekannt als Rinderwahnsinn) entgegen den bisherigen Behauptungen doch auf den Menschen übertragbar sei. Das löste einen Schock im Vereinigten Königreich aus. Die *Sun* titelte: »100 000 Briten tragen den Todeskeim bereits in sich.«

Die Aufregung war auch deshalb groß, weil man zu diesem Zeitpunkt über diese Krankheit nur wenig wusste. Bekannt war lediglich, dass die Krankheit durch das Verfüttern von Tiermehl, hergestellt aus Schafen, die an der Scrapie-Krankheit erkrankt waren, ausgelöst wird. Die britischen Milchfarmer hatten nämlich begonnen, an ihre Hochleistungskühe Tiermehl zu verfüttern, um sie mit ausreichend Eiweiß zu versorgen. Das war jedoch völlig im Widerspruch zur natürlichen Fütterung eines Wiederkäuers, der von Gras, Heu und Silage lebt. Der Versuch, aus Pflanzenfressern Fleischfresser zu machen, ist gründlich danebengegangen.

Wir haben dann binnen kürzester Zeit seitens der EU ein Maßnahmenpaket entwickelt und dieses umgehend bei einem Agrarministertreffen in Luxemburg beschlossen. Es ist hier nicht der Platz, um diese Tragödie im Detail zu beschreiben. Für mich war es jedenfalls die Feuertaufe als EU-Kommissar, die ich bestehen konnte und die auch die europäische Landwirtschaft gestärkt hat, weil sie wachsamer für derartige Risiken und somit resilienter und nachhaltiger aus der Krise hervorgegangen ist. Unabhängig davon wurde die Notwendigkeit für weitere Reformen in der Agrarpolitik immer deutlicher. Die Marktordnungen für Spezialkulturen gehörten dringend erneuert, genauso wie die geringe ländliche Entwicklungsförderung im Vergleich zur großzügig ausgestatteten Flächenförderung nicht mehr länger tragbar war. Um für die Notwendigkeit von Reformen ein öffentliches Bewusstsein zu schaffen, organisierten wir im November 1996 im irischen Cork eine große Konferenz zu Fragen der ländlichen Entwicklungspolitik. Eine Stärkung der ländlichen Entwicklung war auch deshalb angebracht, weil das Bauernsterben in den strukturschwachen Regionen rasch zunahm. Außerdem pfiffen es die Spatzen bereits von den Dächern, dass eine neue Welthandelsrunde um die Jahrtausendwende bevorstehe und die Kommission die Mitgliedsstaaten sowohl darauf als auch auf die Erweiterungsdebatte um die zentral- und osteuropäischen Staaten vorbereiten müsse.

Zwei Jahre später, im März 1998, war es dann so weit: Die Kommission beschloss, unter dem Namen »Agenda 2000« eine grundlegende Reform der Agrar-, Struktur- und Kohäsionspolitik anzugehen. Ich richtete intern eine leistungsfähige Strategieeinheit ein und bildete ein Team, das streng vertraulich das Konzept für die Reform ausarbeitete. Mir war nämlich von Anfang an klar, dass man diese Aufgabe nicht einfach den Fachbeamten übertragen konnte, schließlich waren diese die Systembewahrer. Zur wissenschaftlichen Fundierung unserer Überlegungen beauftragten wir die damals besten Agrarökonomen Europas für die Erstellung entsprechender Studien. Um Erfolg zu haben, mussten aber vor allem die EU-Bürgerinnen und -Bürger für unsere Ideen gewonnen werden. Meinen bereits in der Zeit bei der Tiroler Landwirtschaftskammer verfolgten Ansatz, die Interessen der Landwirtschaft in die gesellschaftliche Diskussion einzubringen, sprich, in Marketing und Informationsarbeit zu investieren, habe ich im Vorfeld der Agenda 2000 auf die europäische Ebene gehoben. Deswegen adressierten wir unsere Botschaften nicht nur an die mit Landwirtschaft als Produzenten befassten Bevölkerungsgruppen, sondern genauso an die Konsumenten, die Wirtschaftstreibenden in Handel und Gastronomie, kurzum, an einen größtmöglichen Teil der Bürgerschaft und begründeten und bewarben so unser Reformvorhaben.

In zahlreichen Hintergrundgesprächen weihte ich führende Journalistinnen und Journalisten Schritt für Schritt in meine Vorhaben ein. Damit hatte ich einen wichtigen Seismographen für die Akzeptanz der Ideen in der Gesellschaft an der Hand, denn die mediale Resonanz zeigte sehr zeitnah, wie meine Überlegungen aufgenommen wurden. Schließlich wurde der Reformbeschluss im März 1999 vom Agrarrat der Union einstimmig angenommen. Das Ziel war damit zwar in Sichtweite, aber noch nicht erreicht. Die gesamte Agenda 2000 wurde nämlich mit der mittelfristigen Finanzplanung für die Jahre 2000 bis 2006 verknüpft, wofür jedoch ein einstimmiger Beschluss der EU-Staats- und -Regierungschefs erforderlich war. Dieser wurde auf dem EU-Gipfel in Berlin im März 1999 gefasst; allerdings gelang es dem französischen Präsidenten Jacques Chirac, das agrarische

Reformpaket nochmals aufzuknüpfen und deutlich zu verwässern. Im nächsten Kapitel, das im Pariser Élysée-Palast und im Berliner Bundeskanzleramt spielt, werde ich diese Vorgänge Revue passieren lassen und beschreiben, wie mir unter dem Begriff Halbzeitbericht doch noch ein voller Erfolg und die größte Reform der EU-Landwirtschaftspolitik gelungen ist.

Hier stellt sich die Frage: Was sind eigentlich die Aufgaben, was ist die Rolle von EU-Kommissaren? Jede Kommissarin, jeder Kommissar wird zwar von der jeweiligen nationalen Regierung nominiert, sie oder er sind aber nicht deren Vertreter! Das wird allzu oft missverstanden. Ich musste immer wieder klarstellen, dass ich nicht der österreichische Oberbotschafter bin; Österreich hat eine eigene ständige Vertretung bei der EU in Brüssel. Zur Wahrung der österreichischen Interessen in der EU kommen regelmäßig die österreichischen Ministerinnen und Minister zu den verschiedenen Räten nach Brüssel, und im Parlament sitzen die direkt gewählten Abgeordneten Österreichs. Der Job eines EU-Kommissars aber ist es, europäische Politik zu machen. An diese Jobbeschreibung habe ich mich immer gehalten. Das hat mir allerdings nicht wenig Kritik eingebracht, aber diese Positionierung ist die Grundvoraussetzung, wenn man als europäischer Politiker Erfolg haben möchte.

Eine weitere entscheidende Bedingung für einen Erfolg auf dem europäischen politischen Parkett ist die Qualität der Mitarbeiterinnen und Mitarbeiter. Als ich von Wien nach Brüssel gewechselt bin, gab es in Österreich die Erwartungshaltung, dass ich für mein Team vor allem Österreicher mitnehmen werde. Da habe ich sicher manche Karriereplanung enttäuscht. Meine Überlegung für mein Team lautete folgendermaßen: In der Agrarpolitik und in der österreichischen Politik kenne ich mich selbst aus, da brauche ich keine besondere Unterstützung; wo ich mich damals noch nicht ausgekannt hatte, war die Brüsseler Ebene, waren die politischen Gepflogenheiten in den EU-Institutionen. Diese Lücke wollte ich mit meiner Personalpolitik schließen – und das habe ich dann auch gemacht. Als Kabinettschef konnte ich Corrado Pirzio-Biroli, einen Italiener aus einem alten friulanischen Grafengeschlecht, gewinnen. Er war zuvor EU-Botschafter in Wien gewesen, engagierte sich ungemein für Österreichs Beitritt und kannte als früherer Kabinettsmitarbeiter bei EU-Kommissionspräsident Gaston Thorn auch alle dort herrschenden Gebräuche. Noch dazu ist er ein ungeheuer kreativer und politisch denkender Mensch, kurzum ein echter Glücksgriff. Im Sommer vor meinem Antritt als Kommissar trafen wir uns einmal bei ihm zu Hause in Brazzà im Friaul, und wir stellten ganz systematisch ein internationales Kabinett zusammen. Hintergrund dafür war die Überlegung, dass wir uns mit französischen, britischen, deutschen und anderen Mitarbeiterinnen und Mitarbeitern ausstatten, die sich in der Europapolitik auskennen, aber auch gleichzeitig wissen, wie ihre Länder ticken. Diese Herangehensweise hat sich so bewährt, dass in meiner zweiten Periode als Kommissar Kommissionspräsident Romano Prodi die Direktive ausgab, alle Kabinette sollten sich an dem »Fischler-Modell« orientieren.

Doch nicht nur den Kabinetten, auch dem Europäischen Parlament täte eine Reform gut. Das hat sich bei der Europawahl 2024 wiederum deutlich gezeigt. Wie kann man von einem gleichen Wahlrecht sprechen, wenn das Wahlalter in einem Land auf 16 Jahre und im nächsten auf 18 Jahre festgesetzt ist? Wie soll die Bürgerin, der Bürger verstehen können, dass die Wahldurchführung nationalen und nicht europäischen Regeln unterliegt? Sowohl das nach wie vor unterschiedliche Wahlalter als auch die nach nationalen Regeln ablaufende Wahl gehören vereinheitlicht, um von einem gleichen Wahlrecht für alle Bürgerinnen und Bürger der EU sprechen zu können. Dass man sich 2024 an das sogenannte Spitzenkandidatenmodell, im Unterschied zu 2019, gehalten hat und Ursula von der Leyen, die Spitzenkandidatin der stimmenstärksten Fraktion, von den Regierungschefs als Kommissionspräsidentin vorgeschlagen und vom Europaparlament gewählt wurde, war ein Fortschritt. Nichtsdestotrotz bleibt das Spitzenkandidatenmodell in seiner jetzigen Fassung ein unausgegorenes Konzept, das nach wie vor Unklarheiten und damit Risiken in sich birgt. Man sollte daher endlich über ein schlüssiges und in seiner Konzeption zukunftsweisendes europäisches Wahlrechtsmodell nachdenken. Mein Vorschlag geht in zwei Richtungen:

Erstens sollte die Wahlkreiseinteilung auf Basis der NUTS-2-Regionen getroffen werden. Das sind in Österreich die Bundesländer, in Frankreich sind es die »Régions«, in Belgien die »Provincies/Provinces« usw. – insgesamt sind es 242 Einheiten. Die Kandidatin oder der Kandidat, die bzw. der in den jeweiligen Wahlkreisen die meisten Stimmen erhält, gilt dann als gewählt. Auf diese Weise wäre es möglich, die Beziehung zwischen dem Kandidaten und dem Wahlkreis zu intensivieren; denn wer sich um seinen Wahlkreis zu wenig bemüht, wird nicht lange erfolgreich sein.

Zweitens schlage ich vor, die übrigen Mandate weiter nach dem Listenwahlrecht zu vergeben, wobei es Länderlisten und Europalisten geben sollte. Auf den Europalisten scheinen die europaweit in jedem Mitgliedsland kandidierenden Abgeordneten auf, auf den Länderlisten jene Mandatare, die nur in einem Mitgliedsstaat kandidieren. Das bedeutet zugleich, dass eine Neuaufteilung der Mandate zwischen Direktmandaten, nationalen und Europamandaten nötig wird. Die Verteilung der Mandate sollte in Summe der relativen Stärke der einzelnen Gruppen entsprechen. Damit ein solches Modell erfolgreich sein kann, muss jedoch gleichzeitig in die Bekanntheit, in die politische Programmatik und in die Struktur der europäischen Parteien viel mehr als bisher investiert werden.

Was die Zahl der Kommissare betrifft, sollte endlich die im Vertrag über die EU vorgesehene Struktur umgesetzt werden: Die Zahl der Kommissare würde damit auf zwei Drittel der Zahl der Mitgliedsstaaten begrenzt. Das Prinzip aufzugeben, dass jeder Mitgliedsstaat einen Kommissar stellt, wäre vor allem für den inneren Zusammenhalt und für die Unabhängigkeit der Kommission nützlich. Darüber hinaus sollte man die bereits von Präsident Prodi eingeführten Regeln für die Zusammensetzung der Kabinette wieder aufleben lassen; das würde, wie oben beschrieben, die Internationalität der Kabinette und damit eine Europäisierung derselben besser gewährleisten. Angesichts der damit größer werdenden Aufgabenstellung für die einzelnen Kommissare wäre allenfalls auch zu überlegen, die Kabinette um ein bis zwei Personen aufzustocken. Schließlich sollte die Präsidentin, der Präsident der Kommission zusätzlich im Generalsekretariat eine schlagkräftige Strategieeinheit etablieren, die für die fachliche Begleitung der die einzelnen Portfolios übergreifenden großen Themen

(z. B. den Umgang mit den Folgen des Klimawandels, Digitalisierung und KI, die Folgen der Vergreisung Europas u. a.) zuständig ist.

Damit könnte auch ein Problem behoben werden, das sowohl die Kommission von Jean-Claude Juncker als auch die erste Periode von Präsidentin Ursula von der Leyen beeinträchtigt hat. Präsident Juncker hat mich bei der Einführung dieses Systems damals sogar kontaktiert und um meine Meinung gefragt, und ich habe ihn in seiner Position zur inhaltlichen und personellen Ausgestaltung der Kommission bestärkt – aber man kann ja dazulernen und Adaptierungen durchführen. Ausgangspunkt für das Juncker-System war: Es gibt 27 Kommissare, es gibt aber nicht so viele substanzielle Portfolios. Deswegen hat man den sechs Vizepräsidenten der Kommission nur relativ kleine eigene Zuständigkeitsbereiche zugeteilt, aber jedem zusätzlich die Koordination einer Gruppe von Kommissaren übertragen. Prominentestes Beispiel dafür war der Niederländer Frans Timmermans, der als Vizepräsident eine Gruppe koordinierte, zu der die Ressorts Klimapolitik, Agrarpolitik, Fischereipolitik, Umweltpolitik und Gesundheitspolitik gehörten. Dieses Koordinationsmodell ist prinzipiell richtig und aufgrund vieler thematischer Überschneidungen zwischen den einzelnen Ressorts auch notwendig. Um erfolgreich umgesetzt zu werden, braucht es aber Vizepräsidenten, die sich als Koordinatoren und nicht wie Timmermans als Diktatoren verstehen. Ansonsten kommt es zu Schieflagen, deren es in der vergangenen Periode rund um den Green Deal und die dazugehörenden Materien wie dem Klimagesetz oder dem Renaturierungsgesetz oder der EU-Waldstrategie, um nur einige Beispiele zu nennen, zu viele gegeben hat. Hier hat es massiv an Koordination gefehlt. Die Folge waren nicht notwendige bürokratische Hürden und widersprüchliche Maßnahmen, gegen die sich dann vor allem die Agrarier mit Protesten Luft verschafft haben. Was die Überbürokratisierung betrifft, habe ich für deren Ärger Verständnis. Kein Verständnis habe ich aber, wenn das Ganze in Totalopposition umschlägt. Hier hat sich in den vergangenen Monaten des Jahres 2024 auch gezeigt, was passiert, wenn eine Diskussion aus dem »Mitte-Ruder« läuft und in Extreme verfällt. Gegen derartige Fehlentwicklungen braucht es zweierlei: erstens eine bessere Organisation der Kommission, wie oben geschildert; und zweitens eine neuerliche Reform der Gemeinsamen Agrarpolitik, auf deren Ausrichtung ich noch zurückkommen werde.

KAPITEL 12

VON JAÉN NACH SANTIAGO DE COMPOSTELA

Anfang 1997 hat der Europäische Rechnungshof einen zu Recht kritischen Bericht zur Handhabung der Olivenmarktordnung und zu den erdrückend vielen Missbräuchen bei der Förderung publiziert. Seit dem Beitritt Spaniens und Portugals hatte das Ausmaß des Förderungsmissbrauchs enorm zugenommen. Man muss leider auch sagen, dass das unsinnige Fördersystem und die weltweit rasch wachsende Nachfrage nach Olivenöl geradezu eine Einladung zum Missbrauch waren. Ich habe auf diesen Bericht umgehend reagiert und bereits Mitte Februar 1997 eine Reform zur Diskussion gestellt. Das haben die Spanier als »Kriegserklärung« betrachtet. Ich war dann im April in Jaén in Andalusien, um einerseits mit den Produzenten meine Überlegungen zu diskutieren und um andererseits zu versuchen, die aufgeheizte Stimmung auf ein Normalmaß zu bringen. Das war vor allem auch deshalb schwierig, weil die spanische Ministerin Loyola de Palacio die Emotionen ständig weiter anheizte. Wie hitzig die Atmosphäre damals war, kann man schon daran ablesen, dass für meinen Schutz mehr als 500 Sicherheitsleute aufgeboten wurden.

Es ist auch kein Wunder, dass die Empörung deshalb so groß war, weil ich die Förderung des Olivensektors auf ein vergleichbares Maß mit anderen Kulturen bringen wollte. Die Olivenbauern genossen nämlich eine Mindestpreisgarantie für ihre Produkte, die Ölmühlen erhielten eine Verbraucherbeihilfe, es gab Exportsubventionen, und alle Erzeuger, die mehr als 500 Liter Öl pro Jahr erzeugten, erhielten einen Zuschuss je Liter produzierten Öls, während die Kleinerzeuger eine Prämie pro Olivenbaum bekamen. Diese Regelung öffnete dem Missbrauch Tür und Tor. Die Kleinerzeuger verkauften ihre Oliven an die größeren, so konnte man zweimal kassieren. Darüber hinaus hätte schon längst ein Kataster der Olivenbäume verfügbar sein sollen, aber die Mitgliedsstaaten erklärten sich außerstande, die Bäume zu zählen. Die Verarbeiter ließen ihre Ölmühlen, auch ohne zu produzieren, weiterlaufen, um auf diese Weise mehr Verarbeitungsprämie herauszuschinden, und zu all dem kamen Betrügereien, weil man Öle mit billigem Import- oder überhaupt mit minderwertigem Öl vermischte.

Die größte Kämpferin jedoch für die spanischen Interessen war weiterhin die Landwirtschaftsministerin Loyola de Palacio. Für die spanischen Olivenbauern wurde sie damit zur Heldin und ich zum Brüsseler Buhmann. In Jaén, dem Zentrum des Olivenanbaus in Andalusien, wurde eine Demonstration gegen die EU und mich mit 120 000 Teilnehmern organisiert, bei der man eine mir natürlich nur zufällig ähnlich schauende Puppe verbrannte. Die Proteste gingen so weit, dass mich König Juan Carlos zur Audienz in den Palacio Real de Madrid einlud, um mir zu erklären, dass er sich aufgrund des eskalierenden Konflikts Sorgen um die Zukunft des Landes mache.

Ich war in der Zwischenzeit nicht untätig geblieben und nahm, weil mit der Landwirtschaftsministerin keine Einigung zu erzielen war, direkt Kontakt mit dem Ministerpräsidenten José María Aznar auf. Mit Loyola de Palacio hingegen schloss ich eine Wette ab. Nachdem ich wusste, dass sie überzeugtes Mitglied des Opus Dei, eine sogenannte »Supernumerarierin«, war, sagte ich zu ihr: »Wenn es eine Lösung im Oliven-Streit gibt, der Spanien zustimmt, dann musst du mir jetzt versprechen, dass du mit mir nach Santiago de Compostela wallfahrten gehst.« Das mache sie gerne, lautete ihre Antwort, denn sie war sich ziemlich sicher, dass diese Pilgerreise nie zustande kommen würde.

Die Ministerin denkt und der Ministerpräsident lenkt, könnte man die Fortsetzung dieser Geschichte beschreiben. Mir ist es jedenfalls gelungen, mit Aznar im Rahmen eines größeren Verhandlungspakets einen Friedensschluss zwischen der EU und Spanien zu erreichen. Loyola löste ihre Wettschuld ein. Allerdings sind wir nicht sehr weit zu Fuß gepilgert, sondern mit einem Hubschrauber den Jakobsweg entlang nach Santiago de Compostela geflogen. Dort wurde dann zur Feier der Einigung eine große Festivität organisiert und der berühmte »Botafumeiro«, das mannshohe Weihrauchfass, durch das Querschiff bis hoch unter die Decke der Kathedrale geschwungen.

Diese offizielle Versöhnung zwischen der Landwirtschaftsministerin und dem EU-Kommissar hat dann noch zu einem lustigen Nachspiel geführt. Gleich unserem Aprilscherz hält man sich in Spanien jedes Jahr am 28. Dezember, am »Día de los Inocentes«, dem Tag der unschuldigen Kinder, zum Narren. Die Tageszeitung *ABC* meldete an diesem Tag, sie hätten ein bis dahin streng gehütetes Geheimnis herausgefunden:

Ministerin Loyola de Palacio werde am nächsten Tag heiraten; und noch dazu nicht irgendwen, sondern den EU-Landwirtschaftskommissar, also mich. Angeblich sind dann tatsächlich ein paar hundert Leute an dem von der Zeitung als Hochzeitstermin genannten Tag zu der Trauungskirche in Madrid gekommen. April, April im Dezember!

In der folgenden EU-Kommission unter Präsident Romano Prodi wurde Loyola de Palacio dann Vizepräsidentin, zuständig für die Ressorts Verkehr und Energie. So wurden aus Oliven-Kriegern schließlich Freunde. Am Ende unserer Amtsperiode 2004 lud ich sie nach Tirol ein, und wir gingen zusammen Skifahren. Nur zwei Jahre später, im Dezember 2006, ist Loyola de Palacio leider an den Folgen einer Krebserkrankung verstorben.

KAPITEL 13

PARIS, ÉLYSÉE-PALAST UND BUNDESKANZLERAMT BERLIN

Der Spruch »Viel Feind, viel Ehr« beschreibt mein Verhältnis als EU-Kommissar zum französischen Staatspräsidenten Jacques Chirac recht gut. Dass unsere Vorstellungen von einer Gemeinsamen Agrarpolitik weit auseinanderklafften, verschaffte mir die »Ehre« und das »Vergnügen«, beides bewusst unter Anführungszeichen gesetzt, sogar zweimal zu einer Privataudienz nach Paris in den Élysée-Palast eingeladen zu werden.

Chirac war im Laufe seiner Karriere eine Zeit lang französischer Landwirtschaftsminister gewesen und von seiner Expertise zu diesem Thema daher überzeugt. Zwei Stunden saßen wir beide zusammen, nur von zwei Dolmetschern begleitet, und Monsieur le Président hielt mir eine Vorlesung über Agrarpolitik. Chirac gab sich das ganze Treffen lang sehr jovial; bei der Verabschiedung sagte er zu mir: »Damit wir uns richtig verstehen: Die Agrarpolitik müssen schon wir zwei machen. Prodi versteht ja nichts davon.« Wem er da jegliches Verständnis für Landwirtschaft absprach, war der *incoming* Präsident der EU-Kommission Romano Prodi aus Bologna in Italien, der im Herbst 1999 sein Amt übernehmen wird. Es dauerte nicht lange, bis Chirac merkte, dass ich seine guten Ratschläge nicht unbedingt teilte und meine Reformpläne nicht nach ihnen ausrichtete; daraufhin entzog er mir seine Sympathie. Später erfuhr ich, dass er bei der Bestellung der neuen Kommission 1999 versucht hatte, mich als alten, neuen Kommissar für Landwirtschaft zu verhindern. Doch ich behielt das Agrarressort und bekam sogar noch die Fischereipolitik dazu.

Mein zweites Treffen mit ihm ist dann völlig anders verlaufen. Kein Wunder, inzwischen war im März 1999 die Agenda 2000 beschlossen worden, und Herr Chirac hatte im Finale dieses Prozesses beim Gipfel in Berlin einen Teil meines Reformvorhabens zunichte gemacht. Das war insofern eine Riesenschweinerei, als der Agrarministerrat mein Reformpaket vorher schon einstimmig beschlossen hatte. Da aber die gesamte Agenda 2000 mit der mittelfristigen Finanzplanung für die Jahre 2000 bis 2006 verknüpft war, hatte Chirac danach noch einen Hebel in der Hand, um meine Reform zu kippen – und diesen Hebel nützte er am EU-Gipfel in Berlin im März 1999.

Mein hauptsächliches Reformanliegen war es, die Marktordnungen für möglichst alle Produkte herunterzufahren. Meine zweite Reformidee lautete: Wir bekommen mehr finanziellen Spielraum bei den Ausgleichszahlungen für die Landwirtschaft, wenn wir die Ausgaben für Exportförderungen und die Interventionen senken, die damals sehr umfangreich waren. Als die Herren Staats- und Regierungschefs beim Gipfel in Berlin zusammensaßen, zog Chirac das Heft des Handelns an sich und richtete umgehend das Wort an den deutschen Bundeskanzler Schröder: »Lieber Gerhard, nachdem wir uns alle einig sind, dass das EU-Budget nicht höher als ein Prozent des BIP sein soll, müssen wir schauen, wo wir sparen können – ich habe da einen Vorschlag …« Der bestand vor allem darin, meine Milchmarktreform mit den dazugehörigen Ausgleichszahlungen abzudrehen. Dass die dabei eingesparten Budgetmittel dann bei den wachsenden Exportsubventionen anfallen würden, hat Chirac allerdings nicht erwähnt. Mit dieser und anderen Interventionen gelang es Chirac, rund 30 Prozent meiner Reform kaputtzumachen. Schröder, der bei den Endverhandlungen über die Agenda 2000 zum ersten Mal Vorsitzender des Europäischen Rates war und sich Chirac gegenüber immer sehr nachgiebig zeigte, warf stattdessen mir meine unnachgiebige Haltung vor. Eine ganze Nacht lang wurde gestritten, hauptsächlich um Agrarthemen. Um drei oder vier Uhr morgens kam Schröder zu mir, da der französische Staatspräsident immer noch einen möglichen Deal blockierte. »Herr Fischler«, sagte Schröder, »Chirac erzählt mir da etwas von einer Herodes-Prämie; wenn wir dieser zustimmen, dann würde er das ganze Paket, so wie es jetzt ist, annehmen – worum geht es da?« Daraufhin erklärte ich ihm, dass es eine Prämie dafür gab, dass Bauern Kälber, die sie gleich nach der Geburt keulten, ordentlich entsorgten. Diese Prämie wurde ursprünglich in Großbritannien erfunden. Hintergrund waren die dortigen Hochleistungsmilchkühe. Deren Kälber waren aufgrund ihrer genetischen Veranlagung, kein Fleisch anzusetzen, die Milch nicht wert, die an sie verfüttert wurde. Als ich Kommissar wurde, fand ich diese Praxis vor und wollte sie abschaffen. Meine Position wurde von fast allen Mitgliedsstaaten unterstützt. Laut Schröder wollte Chirac jedoch diese Prämie beibehalten. Was tun? Ich antwortete Schröder, man könne über alles reden, schließlich habe es diese Prämie jahrelang gegeben. »Auf eines möchte ich Sie aber fairerweise hinweisen, Herr Bundeskanzler«, führte ich weiter aus, »nicht, dass Sie hinterher sagen, ich hätte Sie nicht darauf aufmerksam gemacht. Bleibt die Prämie, riskieren Sie, dass morgen die Schlagzeile der *Bild*-Zeitung lautet: ›Der Kälberschlächter Schröder‹.« Daraufhin schaute er mich mit großen Augen an, überlegte kurz und antwortete: »Na, dann machen wir das nicht!«

Insgesamt wurden mein Team und ich im Laufe des Gipfels immer unzufriedener, als wir unsere Reform nach und nach kleiner werden sahen. Im letzten Augenblick gelang es mir, den dänischen Ministerpräsidenten dazu zu überreden, den Antrag zu stellen, dass zur Halbzeit der Implementierungsperiode ein Bericht über das Funktionieren der Reform erstattet wird. Je nach dem Ergebnis dieser Bewertung sollten weitere Schritte gesetzt werden oder auch nicht. Einen solchen Passus, der als »Midterm Review« in das Schlussdokument aufgenommen wurde, musste schließlich auch Chirac murrend hinnehmen. Drei Jahre später ist dann diese Zwischenbilanz zum Ausgangspunkt für die größte Reform der EU-Agrarpolitik geworden. Und ein Agrarexperte der Universität Louvain in Belgien wird ein Buch darüber schreiben mit dem Titel »The Perfect Storm«.

Jacques Chirac hatte die Gefahr für seine Vorstellungen von Agrarpolitik, die mit dem harmlosen Begriff »Midterm Review« einherging, von Anfang an erkannt. Er blieb ungeheuer misstrauisch und lud mich ein zweites Mal zu einem Treffen in den Élysée-Palast nach Paris. Da schlug er andere Töne an als bei meinem ersten Besuch. Damals, in der zweiten Hälfte des Jahres 2000, hatte Frankreich gerade den EU-Ratsvorsitz inne. »Herr Kommissar«, begrüßte er mich, »ich werde jetzt teilweise als Präsident der Union zu Ihnen sprechen und teilweise als Präsident der Republik.« Tatsächlich brachte er nur die Interessen Frankreichs aufs Tapet. Wichtig war ihm, dass dieser Review über einen Bericht nicht hinausgehe: »Sie wissen«, sagte er, »in den Berliner Schlussfolgerungen steht nichts von Vorschlägen drin.« Ich antwortete: »Ja, aber Herr Präsident, Sie wissen auch, dass die Kommission jederzeit das Recht hat, Vorschläge zu machen.« So ging das zwei Stunden hin und her. Irgendwann sagte er: »Also sind wir uns da einig, dass es nur einen Bericht geben wird?«

Ich stimmte ihm prinzipiell zu, stellte ihm aber meinerseits die Gegenfrage: »Herr Präsident, angenommen, in der Analyse, die die Kommission vorzunehmen hat, stellt sich heraus, dass man in einem Sektor mit demselben Geld die agrarpolitischen Ziele der Agenda 2000 besser erreichen kann, wenn man etwas ändert – sollten wir dann mit der Umsetzung tatsächlich bis zum Jahr 2007 warten?« Das machte ihn neugierig, er wollte mehr wissen. Ich hatte mich vorbereitet und wusste, dass es in seinem Wahlbezirk sehr viele Bauern gibt, die Mutterkuhhaltung betreiben. »Schauen Sie, Herr Präsident«, sagte ich deswegen, »wenn sich zum Beispiel im Bereich der Mutterkuhhaltung herausstellt, dass die Bauern mehr davon hätten, wenn man an der Förderung etwas verändert, sollen wir dann wirklich warten?« Daraufhin meinte er: »Herr Kommissar, sollte dieser äußerst unwahrscheinliche Fall eintreten, dann müssten wir in der Tat intensiv nachdenken.«

Mein Team und ich hatten unsere Lektion aus dem Gipfel in Berlin 1999 gelernt. Wir bereiteten den Midterm Review und die darin enthaltenen Vorschläge intensiv vor, um dieses

Mal nicht wieder auf der letzten Etappe überrumpelt zu werden. In unserem Kernanliegen wurden wir unter anderem von der OECD unterstützt. Diese hatte in einer großen Studie nachgewiesen, dass der Einkommenseffekt einer produktionsbezogenen Förderung wesentlich geringer sei als der Effekt einer von den Produkten und der Produktion entkoppelten Förderung. Um mehr Dynamik in die Debatte zu bekommen, beschlossen wir folgende Strategie für die Kommunikation: Alle Bürgerinnen und Bürger, die ein Umweltinteresse haben, genauso wie alle Konsumenten, die qualitativ hochwertige Produkte bevorzugen, und alle Steuerzahler gewinnen wir mit unserer Idee, die Kompensationszahlungen für die Landwirtschaft mit Umweltauflagen zu verbinden. Als ich mit den Agrarministern in die Schlussverhandlungen ging, schickte ich die Beamten hinaus: »Closed Session, nur für Minister!« Nach vier Stunden Debatte waren die Eckpfosten der Reform eingeschlagen. Mein Generaldirektor kam danach zu mir und sagte: »Du, Franz, ich habe nur mehr gebetet.«

Nach der Überzeugungsarbeit bei den Agrarministern ging es in der Schlussrunde wieder darum, die Staats- und Regierungschefs zu überzeugen. Präsident Chirac hielt neuerlich dagegen. Vor dem Gipfel hatte er die Agrarvertreter seines Landes empfangen, um sie auf seine Position einzuschwören. »Die Entkoppelung, die dieser Fischler in Brüssel will, ist Unsinn! Da sind wir uns ja einig!«, trommelte er bei diesem Treffen. Ausgerechnet der Präsident der französischen Weizenbauern, eine sehr einflussreiche Klientel in Frankreich, zeigte sich mit dem Pauschalurteil nicht einverstanden: »Na ja, Herr Präsident«, lautete sein Einwurf, »eigentlich kommt uns vor, dass seine Ideen nicht so schlecht sind. Seine Reform sichert uns längerfristig die Direktzahlungen, die wir unbedingt brauchen.« Chirac war entsetzt und forderte eine schriftliche Darstellung der Position seiner obersten Agrarvertreter. Danach, so wurde mir erzählt, sprach Chirac von der »Fischlerisation de France«, quasi einem Fischler-Virus, das sich in Frankreich ausbreiten würde.

Beim anschließenden entscheidenden Gipfel führte Griechenland den Vorsitz. Um im Jahr 2003 eine Neuauflage von 1999 zu verhindern, besprach ich mich im Vorfeld mit dem griechischen Ministerpräsidenten Konstantinos Simitis. Der fragte mich, was er machen soll, wenn Chirac wieder die Agrarpolitik auf das Tapet bringen würde. »Herr Ministerpräsident«, riet ich ihm, »das Beste ist, Sie sagen, das steht nicht auf der Tagesordnung!« Simitis fand das eine gute Idee und hat das dann auch so gemacht – und die EU-Agrarreform wurde beschlossen. Dass uns damit ein großer Wurf gelungen war, zeigte sich daran, dass sich als Folge davon die Einkommensentwicklung in der Landwirtschaft erholte; vor allem machte die reformierte Agrarpolitik auch die mit einem EU-Beitritt einhergehenden Anforderungen für die Landwirte in den neuen mittel- und osteuropäischen Staaten verkraftbar.

Das Thema Osterweiterung und die für weitere EU-Erweiterungen notwendigen Voraussetzungen, sowohl was die Kandidatenländer als auch die EU selbst betrifft, werde ich im nächsten Kapitel beleuchten. In dieses Kapitel zum Thema Landwirtschaft passt jedoch noch der Verweis, dass auch eine künftige Erweiterung der Union mit einer weiteren Reform der Gemeinsamen Agrarpolitik (GAP) einhergehen muss. Das gilt im Besonderen, wenn man an eine mögliche Erweiterung der EU um die Ukraine denkt.

Diesen unerlässlichen Reformschritt, der für die GAP bis dahin gesetzt werden muss, hätte die europäische Landwirtschaftspolitik bereits vor zwanzig Jahren setzen müssen. Wir hatten diesen Schritt auch für unseren Midterm Review geplant, wurden aber wieder von den Regierungschefs daran gehindert – dieses Mal aber nicht von Jacques Chirac, sondern von Berlin und dem Vereinigten Königreich mit Gerhard Schröder und Tony Blair an der Spitze.

Die Flächenprämien machen ungefähr zwei Drittel des gesamten agrarischen Fördervolumens aus und werden nach wie vor mit sozialen Argumenten begründet. Während es eine richtige Idee war, die Förderung von den Produkten abzukoppeln und diese stattdessen an Umweltauflagen zu binden, ist die soziale Dimension in Schieflage geraten.

In Summe reicht die Flächenprämie für einen kleinen Betrieb zum Überleben nicht aus, während ein Großbetrieb darauf gar nicht angewiesen ist. Die Folge sind erhöhte Pachtpreise und die Möglichkeit, dass Großbetriebe einen Preisdruck ausüben können. Was ökonomisch völlig logisch ist, konnte ich politisch dennoch nicht durchsetzen.

Als der Vorschlag im Rahmen des Midterm Review 2003 am Tisch lag, rief Schröder an und bat mich, zu ihm nach Berlin zu kommen. Wir saßen im Bundeskanzleramt in Berlin bei einem Mittagessen zusammen, und Schröder – ganz der große Charmeur, der er immer war – sagte: »Also wissen Sie, Herr Fischler, Ihre Reform ist wirklich großartig. Wenn Sie diese durchsetzen, haben Sie meine Hochachtung! Nur eines: Die Degression der Flächenprämie, das können Sie nicht machen!« Darauf antwortete ich, dass ich regelmäßig in deutschen Zeitungen seine Forderung lese, mit den EU-Subventionen für die industrialisierten Großbetriebe in der Landwirtschaft endlich Schluss zu machen – die Degression sei doch genau das, was er wolle. »Ja, wissen Sie«, sagte er daraufhin, »ich will ganz ehrlich zu Ihnen sein. Sie kennen ja die deutsche Situation. Ich muss Ihnen sagen, wenn es irgendjemanden aus der Landwirtschaft gibt, der bei Bundestagswahlen den Schröder und die Sozialdemokratie wählt, dann sind das die Ex-LPG-Mitarbeiter. Das sind aber die Mitarbeiter und Mitarbeiterinnen genau der Betriebe, die die größten Förderbeträge erhalten. Daher geht das mit der Degression nicht.« Die LPGs, von denen Schröder sprach, waren die früheren Landwirtschaftlichen Produktionsgenossenschaften in der DDR, also die kooperativ geführten landwirtschaftlichen Betriebe, in denen Bauern Mitglieder und gleichzeitig Angestellte waren.

So ist uns damals nichts anderes übriggeblieben, als die Degression fallen zu lassen. Heute gehört dieser Faden jedoch erneut aufgegriffen und ein anderes, sozial gerechteres Fördermodell zu Ende gewebt. Wenn man die jetzigen Flächenprämien auslaufen ließe, könnte man stattdessen gezielt Sozialprogramme für Kleinbauern etablieren, genauso für auslaufende Betriebe und Bauern, die in Altersrente gehen.

Man müsste jedoch mit einer neuerlichen Reform auch völlig neue Wege beschreiten. Die land- und forstwirtschaftlich genutzten Böden sind nämlich die größte Kohlenstoffsenke, die es, abgesehen von den Ozeanen, überhaupt gibt. Durch die moderne Wirtschaftsweise ist der Humusgehalt in den landwirtschaftlich genutzten Böden teilweise drastisch zurückgegangen. Diesen durch Humusaufbauprogramme wiederherzustellen könnte der größte Beitrag der Landwirtschaft im Kampf gegen den Klimawandel sein. Ähnliches gilt für die Steigerung der Artenvielfalt, die unter dem Begriff Renaturierung zurzeit in aller Munde ist. Von beiden Maßnahmen kann sowohl die Landwirtschaft als auch die gesamte Gesellschaft ungeheuer profitieren. Europas Agrarpolitik würde damit zu einem sozial-, landwirtschafts- und klimapolitischen Vorreiter für die industrialisierte Welt. Dabei müsste man das Carbon Farming und die mit der Humus-Anreicherung einhergehende CO_2-Entlastung nicht einmal aus den Agrarbudgets finanzieren, sondern könnte diese Leistungen in das EU-Emissionshandelssystem (ETS) integrieren.

Ein weiterer Reformschritt auf europäischer Ebene müsste sein, dass wir die Agrarpolitik wieder näher an die Menschen und Betriebe vor Ort bringen. Nach wie vor ist die GAP die am stärksten vergemeinschaftete Politik überhaupt. Das widerspricht dem Prinzip der Subsidiarität, wonach die Zuständigkeiten von unten nach oben verteilt werden sollen und nicht umgekehrt. Zudem sollen politische Entscheidungen möglichst nahe an den Betroffenen gefällt werden. Europa ist so vielfältig und reich an Kultur – auch an Agrikultur –, dass mit zentralen Regelungen dieser Vielfalt nie ausreichend Rechnung getragen werden kann. Was liegt daher näher, als mehr Verantwortung wieder vor Ort anzusiedeln? Für die Zukunft sollte gelten: Alles, was unter »ländlicher Entwicklung« zu subsumieren ist, gehört in die Verantwortung der Mitgliedsstaaten und Regionen.

Auf der europäischen Ebene sind ein fairer Wettbewerb und eine faire Handelspolitik zu garantieren. Dafür sind auch europäische Mindeststandards notwendig und jede

Menge Forschung und Entwicklung. Wir stehen in Wirklichkeit erst am Beginn des digitalen Zeitalters, und kaum eine andere Branche ist für die Digitalisierung so gut geeignet wie die Landwirtschaft.

Mit diesen Ausführungen sollte klar geworden sein, dass der alte Spruch »Hat der Bauer Geld, hat es die ganze Welt« längst obsolet geworden ist. Die für heute richtige Formulierung lautet: »Gebt dem Bauern das notwendige Geld, damit er unseren Wohlstand erhält.«

KAPITEL 14

WARSCHAU, SEJM

Europa ohne Osteuropa ist nur ein halbes Europa. Zwanzig Jahre sind vergangen seit dem sogenannten »Big Bang«, der Erweiterung der Europäischen Union um gleichzeitig zehn Kandidatenländer. Das Thema Erweiterung ist damit jedoch für die EU nicht abgehakt, im Gegenteil: Europa muss in den nächsten Jahren weiterwachsen. Daher wird uns das Erweiterungsthema noch lange begleiten, denken wir nur an die Westbalkanstaaten oder an den Start der Beitrittsverhandlungen mit der Ukraine, Moldau und Georgien. Die Frage nach der Erweiterung der Union liegt in der Logik der EU, sie wird erst abschließend beantwortet sein, wenn wir Europa und die EU als zwei identische Begriffe verwenden können. Dass das Zeit braucht, ist klar. Ich war immer schon skeptisch, wenn Erweiterungsprozesse im Schnellzugtempo versprochen wurden. Ich sehe die Erweiterung auch nicht als unumkehrbaren Prozess. Der Brexit hat bewiesen, dass Staaten auch den Rückwärtsgang einlegen und aus dem EU-Bahnhof wieder hinausfahren können. Gerade angesichts des Erstarkens nationalistischer Kräfte ist keineswegs auszuschließen, dass nicht auch andere Staaten diesem Beispiel folgen, auch wenn die britischen Erfahrungen keine

Werbung dafür sind. Trotzdem, nach allen Wirrungen und Irrungen, die die Zeitläufte bringen können, erwarte ich die europäische Einigung aller europäischen Staaten am geschichtlichen Horizont dieses Kontinents, aber nur dann, wenn wir vorher intern die Voraussetzungen dafür schaffen, dass eine erweiterte Union auch gut funktioniert. Wie wir die Weichen für einen erfolgreichen Erweiterungsprozess stellen sollen, und das sowohl für die EU selbst als auch für die Beitrittsländer, zeige ich am Ende dieses Kapitels.

Beginnen möchte ich aber in Warschau zur Zeit der Beitrittsverhandlungen mit Polen und den anderen Erweiterungskandidaten. Ich war als EU-Landwirtschaftskommissar natürlich auch in Prag, in Ljubljana, Budapest und den anderen Hauptstädten, aber auch immer in vielen Dörfern und Gemeinden der Beitrittsländer unterwegs. Die größten Schwierigkeiten galt es in Polen zu überwinden. Auch wenn die erste Strophe der polnischen Nationalhymne mit den Worten beginnt: »Noch ist Polen nicht verloren …«, hätte es Anfang der 2000er-Jahre eher heißen sollen: »Noch ist Polen nicht für die EU gewonnen und die EU nicht für Polen.«

In Polen gab es große Auseinandersetzungen rund um den Beitritt, und diese waren vor allem ideologisch und – typisch für die polnische Geschichte – sehr stark katholisch konnotiert. Ich füge hinzu: und auch manipuliert. Denn viele Pfarrer haben mit Unterstützung ihrer Bischöfe in den polnischen Dörfern Sonntag für Sonntag von der Kanzel gegen die EU gepredigt. Das verbindende Motto ihrer EU-Kritik lautete: »Den Kommunisten ist es nicht gelungen, die braven katholischen Kleinbauern zum Aufgeben zu zwingen, aber die Herren in Brüssel werden das mit ihrer zentralistischen Politik noch zustande bringen.« Unterfüttert wurde die ablehnende Haltung der Kirche mit der auch heute in Polen, in Ungarn und anderswo wieder verbreiteten Gleichsetzung der EU mit Verwestlichung, Dekadenz und Säkularisierung.

Die Stimmung im Land gegen den Beitritt war jedenfalls sehr aufgeladen. Das merkte ich, als ich zum ersten Mal im Sejm, dem polnischen Parlament in Warschau, aufgetreten bin und dort eine Rede hielt. Der erste Abgeordnete, der sich in der anschließenden Debatte zu Wort meldete, begann mit den Worten: »Herr Kommissar, so blutrünstig, wie Sie uns beschrieben wurden, scheinen Sie ja gar nicht zu sein.« Da kann man sich in etwa ausmalen, was sich davor an Zuschreibungen und Unterstellungen gegenüber meiner Person und der Rolle der EU abgespielt hatte. Noch dazu, wo der Titel Kommissar aus Sowjetzeiten in Polen und den anderen ehemaligen Ostblockstaaten alles andere als positiv besetzt war.

Einmal lud mich der polnische Außenminister Władysław Bartoszewski zu einer Veranstaltung mit der polnischen Bischofskonferenz ein. Als der offizielle Teil vorbei war, nahm mich Bartoszewski, der ein großer Freund Österreichs und leidenschaftlicher Befürworter des EU-Beitritts seines Landes war, zur Seite und sagte zu mir: »Lieber Freund, was sagst du? Jetzt hast du vierzig von meinen Bischöfen gehört, und ich kann dir sagen, ich habe über hundert von denen ...« Dazu muss man wissen, der Historiker Bartoszewski war eine moralische Instanz in seinem Land; zum einen als ein Mitstreiter der Demokratiebewegung rund um die Solidarność, zum anderen war er in der NS-Zeit polnischer Untergrundaktivist und Auschwitz-Häftling gewesen, und nach 1945 wurde er als katholischer Intellektueller im Umfeld des zwei

Jahre älteren späteren Papstes Karol Wojtyła in der Anfangs- und Endzeit des polnischen Kommunismus inhaftiert. Er nannte sich selbst einen »persönlichen Feind« aller Diktatoren – und sah sich als persönlichen Freund aller, die sich für den Brückenschlag über Grenzen und Feindschaften hinweg engagierten. An vorderster Stelle sah er die Notwendigkeit des deutsch-polnischen Versöhnungsprozesses, den er mit dem EU-Beitritt institutionell absichern wollte.

Nach diesen und anderen Erfahrungen in Polen ließ ich zur Versachlichung und Entideologisierung der Diskussion und zur Untermauerung des EU-Standpunkts eine Studie über die Auswirkungen des EU-Beitritts auf die polnische Landwirtschaft in Auftrag geben. Ihr Ergebnis lautete, dass die Einführung der gemeinsamen Agrarpolitik für die polnischen Bauern im Schnitt einen Anstieg der Einkommen um 40 Prozent bedeuten würde. Daraufhin erklärten uns die polnischen Agrarfunktionäre, diese Ergebnisse seien geschönt, alles sei erstunken und erlogen, sie hätten ganz andere Zahlen. So stand Behauptung gegen Behauptung. Letztlich hatten beide Seiten unrecht. 2005, im ersten Jahr nach dem Beitritt, sind die polnischen Agrareinkommen nicht um 40 Prozent, sondern um 100 Prozent gestiegen. Dann war ich plötzlich der große Held. Vom Rektor der Technischen Universität Warschau, zu der auch die größte Agrarfakultät des Landes gehört, erhielt ich einen Brief, in dem mir ein Ehrendoktorat angeboten wurde. Das Schreiben endete sinngemäß mit dem Hinweis, ich könne durchaus darauf vertrauen, dass das eine ehrenvolle Angelegenheit sei, Papst Johannes Paul II. habe das Ehrendoktorat ihrer Universität auch angenommen. Dass der polnische Papst den europäischen Einigungsprozess immer unterstützt hat, mag schließlich mit ein Grund gewesen sein, dass das Referendum 2003 über den EU-Beitritt mit einem Sieg der Beitrittsbefürworter ausgegangen ist: Bei einer für die damaligen polnischen Verhältnisse großen Wahlbeteiligung von knapp 59 Prozent sprachen sich 77,5 Prozent für den Beitritt Polens zur EU aus. An meiner Position, die ich damals im polnischen Parlament, an anderen Orten in Polen und den weiteren Beitrittsländern vertreten habe, hat sich im Grunde auch für künftige Erweiterungsrunden nichts geändert. »Ihr dürfts einen Fehler nicht machen«, habe ich gesagt, »ihr dürfts gegenüber den Bauern genauso wenig wie gegenüber allen anderen Bevölkerungsgruppen die Illusion verbreiten, dass die EU ein Schlaraffenland ist, und vor allem nicht, dass bei den vorhandenen Strukturen alles beim Alten bleiben kann.« So wie die Erweiterung um die zehn, später dreizehn Länder zu schaffen war, lassen sich auch kommende Erweiterungsrunden dann erfolgreich drehen, wenn sowohl die Beitrittsländer als auch die EU selbst bereit sind, die dafür notwendigen politischen, wirtschaftlichen, rechtsstaatlichen und systemischen Schritte zu setzen.

Die EU muss weiterwachsen, um Europa zu einen und damit Motor und Garant für das europäische Friedensprojekt zu sein. Denn was nützt der Wohlstand, das Ziel einer jeden Wirtschaftsunion, wenn der Frieden zwischen den Staaten nicht institutionell abgesichert werden kann? Nicht viel, wie wir gerade an der Rückkehr des Krieges nach Europa erleben. Unser langfristiges Ziel muss sein und bleiben, dass die Bezeichnungen Europa und EU einmal als Synonyme verwendet werden. In Europa gibt es 47 Staaten, 27 sind bereits Mitglieder der Europäischen Union, neun Länder sind Beitrittskandidaten, Kosovo hat einen Mitgliedsantrag eingereicht, jedoch noch keinen offiziellen Status als Beitrittskandidat erhalten. Darüber hinaus existieren in Europa einige Zwergstaaten (San Marino, Monaco, Andorra oder der Vatikanstaat), die strukturell sehr stark in EU-Staaten eingebunden sind, politisch aber Sonderfälle bleiben. Einige Staaten wie Norwegen, Liechtenstein und Island sind Mitglieder des EWR und der EFTA, zeigen zurzeit aber kein besonderes Interesse, EU-Mitglied zu werden; die Schweiz ist ebenfalls ein EFTA-Staat, aber nicht im EWR und mit der EU durch (gerade wieder neu zu verhandelnde) bilaterale Verträge verbunden. Bleiben noch Staaten wie Armenien und Aserbaidschan, die im EU-Programm der Östlichen Partnerschaft verortet sind, oder Russland oder Weißrussland, die der EU derzeit feindlich gegenüberstehen. Beschäftigen wir uns daher mit den derzeitigen Kandidatenländern und wie man deren Beitritt voranbringen kann.

Die Struktur des Beitrittsprozesses hat über die Jahre zahlreiche Veränderungen erfahren. Die Erweiterung der EU erfolgte bis zu Beginn der 1990er-Jahre, als der Beitritt Finnlands, Norwegens, Österreichs und Schwedens verhandelt wurde, auf Basis eher vager Strukturen. Es gab keine eigene Generaldirektion (GD) Erweiterung, die Verhandlungen wurden mit den einzelnen Generaldirektionen (also zum Beispiel Landwirtschaft, Verkehr, Justiz usw.) separat geführt und vom Kommissar für Äußere Angelegenheiten koordiniert. Die Herren des Geschehens waren die Außenminister, die Vorbereitungsarbeiten leistete die Kommission, und der Europäische Rat gab zu Beginn und am Ende des Prozesses seine Zustimmung. Das Hauptziel der Verhandlungen war, die Bedingungen und den Zeitrahmen festzulegen, zu denen im Kandidatenland die Rechtsvorschriften der Union – Acquis communautaire genannt – anzuwenden waren.

Als die große Erweiterungsrunde um zehn bzw. zwölf neue Staaten anstand, wurde der Erweiterungsprozess stärker formalisiert. 1993 hat man die sogenannten Kopenhagener Kriterien eingeführt, ab dem Jahr 2000 wurde ein Erweiterungskommissar bestellt, eine eigene GD für Erweiterungsfragen eingerichtet und ein Annäherungsprozess für die Vorbeitrittsphase definiert. Auf dieser Basis wurden die Verhandlungen geführt.

Bald stellte sich jedoch heraus, dass die neuen Mitgliedsstaaten zwar die gesetzlichen Voraussetzungen für die Einführung des Acquis geschaffen hatten, dass es aber nicht möglich war, vorausschauend zu prüfen, ob die neuen gesetzlichen Vorgaben auch angewendet würden. Die Folge waren viele Unzulänglichkeiten und zum Teil Verstöße gegen EU-Recht. Dem wollte man für die Zukunft vorbauen und führte im Jahr 2004 verschärfte Vorschriften für die Verhandlungen in Form von »Benchmarks« ein. Dieses Konzept wurde dann für die Türkei und Kroatien zum ersten Mal angewendet. Während die Verhandlungen mit Kroatien auch unter diesen erschwerten Bedingungen erfolgreich abgeschlossen werden konnten, sind die Verhandlungen mit der Türkei de facto eingefroren. Ein beabsichtigter Effekt dieses Benchmark-Konzepts ist nämlich auch, dass damit die Geschwindigkeit des Prozesses mühelos von den Mitgliedsstaaten verlangsamt werden kann. Obwohl mit Montenegro und Serbien über zehn Jahre verhandelt wird, ist derzeit kein Ende in Sicht, wobei betont werden muss, dass auf Seiten der Kandidaten die Beitrittsbedingungen teilweise nur zögerlich abgearbeitet und zentrale Themen wie die Korruptionsbekämpfung oder ein funktionierendes Justizwesen nur halbherzig eingeführt werden.

In der Zwischenzeit hat die EU der Republik Moldau, Georgien und der Ukraine vor allem als (sicherheits-)politische Reaktion auf Russlands Angriffskrieg ebenfalls den Kandidatenstatus zugebilligt und Beitrittsverhandlungen begonnen. Die Experten der Kommission sind sich ebenso wie die nationalen Experten darüber einig, dass mit diesen Ländern die Beitrittsverhandlungen noch schwieriger sein werden. Daher ist eine Debatte über mögliche neue Ansätze für die Konzeption von Beitrittsverhandlungen in Gang gekommen und für mich auch unumgänglich. Der österreichische Außenminister Alexander Schallenberg hat dabei eine graduelle EU-Mitgliedschaft ins Spiel gebracht. Andere stellen Überlegungen zur Weiterentwicklung der Nachbarschaftspolitik als Alternative zum Beitritt an, und wieder andere bringen das Argument der Verkraftbarkeit, insbesondere bei einer Erweiterung um die Ukraine, ins Spiel.

Das Interesse an einer neuerlichen Erweiterung der EU ist in erster Linie der Überlegung geschuldet, die seinerzeit schon der deutsche Bundeskanzler Helmut Kohl vorgebracht hat: in allen diesen Ländern stabile Demokratien zu schaffen und die europäischen Werte unumkehrbar zu verankern. So wichtig und richtig diese Überlegung ist, um die Erweiterung für die Kandidatenländer schaffbar und für die Union verkraftbar zu machen, gehören aus meiner Sicht nach den bisherigen Erfahrungen folgende Elemente des Prozesses neu gedacht:

- Keine Aufweichung darf es bei den Verpflichtungen gegenüber den Grund- und Menschenrechten geben. Oder wie es der frühere Außenkommissar Hans van den Broek einmal ausgedrückt hat: »Für die Einhaltung der Menschenrechte kann es keine Übergangsregelung geben.« Das muss weiterhin als Vorbedingung für die Aufnahme von Beitrittsverhandlungen gelten.

- Die Mitgliedsstaaten müssen die Kandidaten beim Aufbau demokratischer Systeme stärker unterstützen und die Demokratisierung der Gesellschaften in den Kandidatenländern auch durch zivilgesellschaftliche Aktivitäten massiv fördern.
- Die Teilnahme am Binnenmarkt muss den erfolgreichen Kampf gegen Korruption als Voraussetzung haben.
- Auch in Zukunft muss die volle Mitgliedschaft das Ziel bleiben, aber diese muss nicht in einem Schritt erfolgen. Man könnte überlegen, manche Integrationsschritte rascher zu setzen als jene, die besonders viel Vorbereitung erfordern. Dafür sollten verbindliche Stufenpläne vereinbart werden, genauso wie erforderliche Maßnahmen, wenn ein Kandidat diese Pläne nicht einhält.
- Man könnte sogar so weit gehen und zunächst eine zeitlich befristete Aufnahme vorsehen, die nach einigen Jahren bei entsprechenden Fortschritten in eine unbefristete umgewandelt wird oder von selbst erlischt. Für diese erste Zeit müssten dann aber neue Regeln für die Mitentscheidung eingeführt werden. Keinesfalls dürfte ein befristetes Mitglied die vorläufig einstimmig zu fassenden Beschlüsse blockieren können.
- Zusammen mit den Änderungen im Beitrittsprozess müsste auch die Nachbarschaftspolitik überarbeitet werden, um eine vernünftige Verhältnismäßigkeit zwischen Beitrittswerbern und Nachbarn zu etablieren.

- Schließlich müssen auch einzelne Gemeinschaftspolitiken, insbesondere die Agrar- und Umweltpolitik, reformiert werden, um Länder wie die Ukraine auch für das EU-Budget verkraftbar zu machen.
- Im Fall der Ukraine sehe ich sogar den Wiederaufbau vorrangiger als die Vollmitgliedschaft.
- Bis es zur Erweiterung kommt, müssen mithilfe der Vorbeitrittsprogramme und der zwischenstaatlichen Zusammenarbeit der Boden für die Anwendung des Gemeinschaftsrechtes aufbereitet und die positive wirtschaftliche Entwicklung dieser Länder vorangetrieben werden.

Prinzipiell trete ich dafür ein, den Weg in die EU nicht so wie bisher als Einbahnstraße zu konzipieren. Das Beispiel Türkei beweist am eindrücklichsten, dass daraus eine Sackgasse werden kann, in der es für beide Seiten kein Vorwärtskommen, aber auch keinen Ausweg oder eine Umfahrung gibt. Auch bei den Westbalkanstaaten zeichnet sich die Warteschleife als Dauerzustand ab, was zu Frustrationen sowohl in der Bevölkerung dieser Länder als auch in der EU führt. Es braucht also nicht nur den Weg nach vorne in die EU, sondern es muss auch einen Weg zurück geben oder die Möglichkeit einer Umleitung in Betracht gezogen werden können. Zu einer Flexibilisierung bzw. Abstufung der Mitgliedschaft, also weg vom alles oder nichts, weg von Null auf Hundert, hin zu einer graduellen Mitgliedschaft gehören für mich auch Exit-Strategien, wenn sich die Parameter für den Beitritt entscheidend verändern. Diese größere Flexibilität und Durchlässigkeit sollten auch in der Ausgestaltung von Kriterien und Verfahren eines Austritts oder Ausschlusses aus der Union Einzug halten.

Der Luxemburger Kommissionspräsident, mein Freund Jean-Claude Juncker, der ein maßgeblicher Mitgestalter der Europäischen Union war und ist, holt die Diskussion um die Erweiterung der EU zum derzeitigen Zeitpunkt auf den Boden der Realität zurück, wenn er sagt: »Die EU ist zurzeit nicht aufnahmefähig.« Ich stimme ihm in dieser Meinung absolut zu. Zuerst muss die Union ihre Hausaufgaben erledigen, bevor man an die Aufstockung des Hauses Europa um weitere Etagen, den Ausbau neuer Zimmer und den Zuzug neuer Bewohner denkt. Aber auch diese Debatte ist in der EU nicht neu, sondern wurde bereits im Vorfeld der Osterweiterung geführt. Wir erinnern uns: Der im Jahre 2001 unterzeichnete Vertrag von Nizza hätte die Union bis Ende 2002 aufnahmefähig machen sollen. Das Ergebnis war, um es deutlich zu sagen, ein Flop. Nachdem es schon in Amsterdam nur teilweise gelungen war, institutionelle Reformen anzugehen, die man gebraucht hätte, um ein schlagkräftiges Institutionengefüge für eine EU mit 25 oder mehr Mitgliedsstaaten zu erhalten, war die Erwartungshaltung sehr hoch. Sie wurde aber nicht erfüllt. In Nizza wollte sich der französische Präsident Jacques Chirac ein Denkmal setzen. Letztlich wiederholte sich der Spottvers aus der »Ars poetica« des römischen Dichters Horaz: »Die Berge kreißen, geboren wird eine lächerliche Maus« – und man muss hinzufügen: zum Schaden der EU.

Unmittelbar nach dem Gipfel in Nizza regte sich massive Kritik am Procedere: Dürfen, sollen, können allein die Staats- und Regierungschefs der EU hinter verschlossenen Türen einen Vertrag ausknobeln? Die Antwort darauf war ein klares Nein. Nach der französischen Ratspräsidentschaft übernahm Belgien. Beim ersten belgischen Gipfel erklärte

Premierminister Guy Verhofstadt: »So darf nie wieder ein Vertrag gemacht werden!« Das war die Geburtsstunde für den Verfassungskonvent. Alle Regierungschefs stimmten seiner Einsetzung zu. Wobei man dazu sagen muss, dass der erste europäische Konvent, der »Grundrechtekonvent« unter Leitung des früheren deutschen Bundespräsidenten Roman Herzog, zwischen Dezember 1999 und Oktober 2000 die Charta der Grundrechte der Europäischen Union erarbeitet hatte, und es insofern bereits ein erfolgreiches Vorbild gegeben hat.

Auch der zweite europäische Konvent, der »Verfassungskonvent«, verlief zum Erstaunen vieler Pessimisten erfolgreich und erarbeitete unter der Ägide des früheren französischen Präsidenten Valéry Giscard d'Estaing zwischen Februar 2002 und Juli 2003 den maßgeblichen Entwurf für einen Verfassungsvertrag für Europa. Die unrühmliche Fortsetzung dieser Erfolgsgeschichte auf nationaler Ebene ist bekannt. Präsident Chirac glaubte, er müsse sich und sein Land wieder in die europäische Pole-Position bringen. Dafür ließ er ohne Notwendigkeit ein Referendum über den Vertrag ansetzen und verknüpfte noch dazu sein politisches Schicksal mit dem Abstimmungsergebnis. Eine politische Ohrfeige für Chirac und eine Niederlage für Europa waren die Folge. Als dann auch noch das Referendum in den Niederlanden schiefging, war guter Rat teuer, und man fiel auf die alte Methode der Regierungskonferenz zurück. Der so ausverhandelte Lissabon-Vertrag ist zwar zum überwiegenden Teil mit dem Verfassungsvertrag identisch, gleichwohl braucht es zwanzig Jahre später und vor einer neuen Erweiterung eine neue Entscheidungsstruktur der Union, aber auch ein neues Narrativ, eine neue Aufgabenverteilung zwischen Union und Mitgliedsstaaten sowie eine neue Finanzierungsbasis.

Vorarbeiten dafür leistete die leider medial unterbelichtet gebliebene »Konferenz zur Zukunft Europas«, die zwischen dem Europatag, dem 9. Mai 2021, und dem 9. Mai 2022 stattgefunden hat. Repräsentativ ausgewählte Bürgerinnen und Bürger, EU-Abgeordnete, nationale Abgeordnete, EU-Kommissare, Vertreter des Rates, der Zivilgesellschaft und der Sozialpartner tagten zu den einzelnen EU-Politikfeldern und verfassten einen offiziellen Abschlussbericht. Dieser Bericht enthält 49 konkrete Vorschläge für eine zukünftige EU, mit über 200 spezifischen Maßnahmen. Das Europäische Parlament legte dann im November 2023 eine Resolution vor, in der der Europäische Rat eingeladen wird, bald nach der Europawahl im Jahr 2024 einen Reformkonvent einzuberufen. Außerdem hat das Parlament auch gleich eine umfassende Themenliste mitgeliefert, mit der sich der neue Konvent befassen sollte. Die Kommission schloss sich dieser Forderung an.

Die Entscheidung über einen Konvent kann im Europäischen Rat mit einfacher Mehrheit getroffen werden. Bis dato ist ein solcher Beschluss aber nicht erfolgt. Damit liegt die Frage nach der Einberufung eines neuen Konvents auf Eis, und der Umbau der EU, um überhaupt weitere Erweiterungsschritte setzen zu können, ist blockiert. Für mich eine unverständliche Haltung, noch dazu, wo der Lissabon-Vertrag für substanzielle Änderungen im Vertragsrecht explizit die Einberufung eines Konvents vorsieht. Möglichst bald, schon im Herbst 2024, spätestens im nächsten Frühjahr, muss sich meiner Meinung nach entscheiden, ob es einen Konvent gibt oder nicht. Wenn man sich gegen einen

Konvent und damit gegen einen neuen Vertrag ausspricht, muss man aber auch so ehrlich sein und dazusagen: Eine EU-Erweiterung in den nächsten zwanzig Jahren wird damit unmöglich. Der Vorteil eines Konvents, der bereits zweimal im europäischen Kontext gute Ergebnisse geliefert hat, liegt für mich darin, dass hier nicht wieder genau dieselben Leute zusammenhocken, die schon bisher diese Themen beackerten. Eine gute Mischung aus europäischen und nationalen Politikern, dazu Interessenvertreter, und ich würde auch eine Gruppe von Top-Wissenschaftlern, vor allem Verfassungsjuristen, dazunehmen, sollte auch den dritten EU-Konvent erfolgreich abschließen. Dann können wir auch weitere Bewohner im Haus Europa willkommen heißen.

KAPITEL 15

ALPBACH

Eine gute Mischung von Menschen unterschiedlicher Herkunft mit unterschiedlichen Interessen und Expertisen zusammenzubringen, wie ich sie im vorigen Kapitel für die Zusammensetzung eines weiteren Europäischen Konvents vorgeschlagen habe, war auch der Gründungsgedanke des heutigen Europäischen Forum Alpbach. Von dem in diesem Buch bereits mehrfach genannten Erhard Busek habe ich im Jahr 2012 das Amt des Forum-Präsidenten übernommen.

Davor war ich ab Herbst 2005, nach dem Auslaufen meiner Periode als EU-Kommissar, Präsident des Ökosozialen Forums, das von Josef Riegler als quasi institutionelle Fortsetzung der von ihm in der ÖVP etablierten ökosozialen Marktwirtschaft gegründet wurde. Mein Ziel im und mit dem Ökosozialen Forum war von Anfang an, dessen europäische Ausrichtung zu stärken. Eine Initiative in diese Richtung war unsere Mitarbeit am »Global Marshall Plan«, in dessen Rahmen wir an der Entwicklung eines ökologisch nachhaltigen Wirtschafts- und Sozialmodells mitarbeiteten. Hinter dieser Ausrichtung steckt meine Überzeugung, dass Europa mit dem Konzept der sozialen Marktwirtschaft, erweitert um die ökologische Dimension, sowie mit seiner Auffassung von Kultur ein besseres Modell für die Zukunft zu bieten hat als der vielfach gepriesene »American way of life«.

Nicht umsonst spiegelt die ökosoziale Marktwirtschaft das Gefüge der europäischen Mitte-Parteien wider: Die Mitterechts-Parteien, von Christdemokraten bis zu den Liberalen, beschreiben sich selbst als Wirtschaftsparteien, von denen die ökonomische Dimension in den Fokus ihrer Programmatik gestellt wird. Der Gründungsauftrag der sozialdemokratischen Parteien war hingegen, der sozialen Dimension in der Gesellschaft einen hohen Stellenwert zu verschaffen. Die Notwendigkeit, auch den ökologischen Fragen die notwendige Aufmerksamkeit zukommen zu lassen, wurde lange nicht erkannt. Die Gründung der Grün-Parteien in den 1980er-Jahren beendete diesen blinden Fleck und weckte auch bei den anderen Parteien ein mehr oder weniger deutliches und bis heute anhaltendes Öko-Bewusstsein. Insofern bilden die proeuropäischen Parteien auf EU-Ebene die Bandbreite der ökosozialen Marktwirtschaft ab. Es ist sogar nicht übertrieben, die ökosoziale Marktwirtschaft als kürzeste Zusammenfassung des europäischen Wirtschafts- und Sozialmodells der politischen Mitte zu sehen. Diese Kategorisierung zeigt auch den Unterschied zu den nationalistischen Parteien, die sich nicht in den breiten Strom der ökosozialen Marktwirtschaft als des bestimmenden Prinzips des politischen Handelns in Europa einordnen wollen, sondern ihre primäre Aufgabe in der Rückholung der nationalen Narrative sehen und gegen eine gemeinsame europäische Identität auftreten.

Wobei nicht übersehen werden darf, dass das Prinzip der ökosozialen Marktwirtschaft ständig in Gefahr ist, in Schieflage zu geraten. Gerade die aktuellen Händel um die konkrete Ausgestaltung des Green Deal haben diese Gefahr deutlich gezeigt. Denn die eigentliche Herausforderung ist es, die drei Dimensionen der Nachhaltigkeit, Ökologie, Ökonomie und soziale Verantwortung, in ein Gleichgewicht zu bringen und in Balance zueinander zu halten. Was meine ich damit? Konkret zeigt sich der Balancegedanke darin, ständig darauf zu achten, welche dieser drei Dimensionen im jeweiligen konkreten gesellschaftlichen Kontext vernachlässigt wird und an die letzte Stelle gerät. Bei der Umsetzung einiger Bereiche des Green Deal ist genau das passiert – die ökologische Dimension hat die beiden anderen Bereiche überlagert, diskriminiert, mit den bekannten Protesten als Folge. Dem Gleichgewicht, dem Balancehalten gehört in Zukunft mehr Aufmerksamkeit geschenkt. Denn wir brauchen eine einigermaßen robuste Balance, damit wir nicht beim ersten Ausschlag der Zeitläufte aus dem Gleichgewicht geraten. Das ist meiner Meinung nach der wichtigste Effekt des Strebens nach Resilienz. Jedenfalls zahlt es sich aus – und deswegen habe ich mich in meiner Zeit beim Ökosozialen Forum dafür stark gemacht –, das europäische Wirtschafts- und Sozialmodell in die Diskussion für die künftige Ausgestaltung des »globalen Dorfs« einzubringen. Teil eines solchen Wirtschafts- und Sozialmodells muss auch eine neue Partnerschaft mit den Entwicklungsländern sein. Wir müssen wegkommen von der Konzeption des Almosengebens und partnerschaftliche Konzepte realisieren, aus denen beide Seiten Nutzen ziehen können. Hier steht aus europäischer Perspektive Afrika an erster Stelle – schon allein deshalb, weil es unser Nachbarkontinent ist.

In Afrika wird sich die Bevölkerung nach den letzten Schätzungen der UNO bis zum Jahr 2050 mehr als verdoppeln.

Was das für die Migrationspolitik heißt, braucht nicht näher erläutert zu werden, Zäune zu bauen hilft da jedenfalls nicht weiter. Über Partnerschaften die Entwicklung Afrikas voranzutreiben hilft hingegen gleich doppelt. Einerseits ist Wohlstand die beste Geburtenkontrolle, und andererseits ist eine wirtschaftliche Entwicklung, die Hoffnung in den Regionen schafft, der beste Weg, um mögliche Migrationsströme in Grenzen zu halten und zusätzlich ein Impulsgeber auch für die europäische Wirtschaft. Um Afrika attraktiv für europäische Investitionen zu machen, braucht es seitens der EU Kreditausfallshilfen und Haftungsgarantien – die es grundsätzlich bereits gibt, aber an dieser Stellschraube müssen wir stärker als bisher drehen. Gleiches gilt für europäische Unterstützungen beim Ausbau der Infrastruktur. Wobei darunter heutzutage nicht mehr primär der Straßenbau zu verstehen ist, sondern vor allem der Ausbau von Bahnverbindungen, der Binnenschifffahrt, von Datennetzen sowie eine ausreichende Energieversorgung aus nachhaltigen Quellen. Als Gegenmodell zum Brain-Drain aus Afrika nach Europa braucht es den Know-how-Transfer in die umgekehrte Richtung. In einer ganzen Reihe afrikanischer Staaten gibt es junge, meist relativ kleine, aber ungeheuer motivierte Universitäten, die Europa mit Know-how-Transfer sowohl bei der Hardware, also zum Beispiel der Einrichtung von Laboren, als auch bei der Ausbildung ihres akademischen Personals an europäischen Partneruniversitäten auf einen höheren Level bringen können. Ziel muss es sein, die afrikanischen Fachkräfte vor Ort fit für die globale Wissensgesellschaft zu machen und damit den Kontinent aus der Rolle des Rohstoffproduzenten in die eines wissenschaftlichen und wirtschaftlichen Partners für Europa auf Augenhöhe zu führen. Der Versuch, einen Marshallplan für Afrika zu etablieren, ist schon einmal schiefgegangen, weil er südlich des Mittelmeers als Neokolonialismus aufgefasst wurde. Was es braucht, ist ein echter Neustart für das Miteinander zwischen Europa und Afrika. Der Zeitpunkt könnte nicht besser sein, nachdem die Kooperationen mit China und Russland mittlerweile auch für Ernüchterung bzw. Enttäuschung auf Seiten der afrikanischen Staaten und für lautstarke Proteste der dortigen Bevölkerungen sorgen. Dieser Neustart kann nur mit Frankreich und Großbritannien aufgesetzt werden. An den finanziellen Mitteln sollte dieser Neustart jedenfalls nicht scheitern, finanziert doch die EU zusammen mit den Mitgliedsstaaten zwei Drittel der gesamten globalen Entwicklungszusammenarbeit. Und seit meiner Zeit beim Ökosozialen Forum trete ich dafür ein, Abgaben und Steuern auf Finanztransaktionen oder auf bisher nicht besteuerte Schiffs- und Flugzeugtreibstoffe einzuführen und auch die Einnahmen daraus als Teil der Finanzierung dieser neuen Partnerschaft zwischen Europa und Afrika zu verwenden.

Globale Themen und globales Denken gehören auch zum inhaltlichen Kern des Forum Alpbach. Insofern war mein Wechsel vom Ökosozialen zum Alpbacher Forum eine thematische Weiterführung meiner dortigen Arbeit – verbunden mit der Rückkehr in meine Tiroler Heimat. Im Kapitel »Ballhausplatz« habe ich bereits Bruno Kreisky als oftmaligen Teilnehmer und Förderer des Forums genannt. Gerade Kreisky war es auch, der die Alpbacher Themenpalette »globalisierte«. In seiner Zeit als Bundeskanzler brachte er viele internationale Gäste zum Forum: 1977 stand der israelisch-ägyptische Friedensprozess auf dem Programm, und der spätere israelische Ministerpräsident Yitzhak Rabin war unter den Vortragenden. Auch Mosche Dajan, israelischer General, Verteidigungs- und Außenminister und als solcher federführend am Camp-David-Abkommen beteiligt, kam mit seiner Frau nach Alpbach. Im Jahr darauf war auf Wunsch Kreiskys Subsahara-Afrika das Thema. Und Kreisky machte es auch möglich, dass 1983 die indische Ministerpräsidentin Indira Gandhi Alpbach beehrte. Insgesamt kann man sagen, dass für Bruno Kreisky das Forum über viele Jahre die Bühne für seine politischen Sommerkonzerte abgab, dass ihm aber auch im Laufe der Zeit das Europäische Forum dermaßen ans Herz gewachsen ist, dass er zu einem begeisterten »Colleger« wurde.

So nannten die Alpbacher in den Anfangsjahren die Teilnehmerinnen und Teilnehmer des Forums, das 1945 unter der Bezeichnung »Österreichisches College« gegründet worden war. Dieser Name spiegelt die Grundintention der Alpbach-Gründer rund um Otto Molden wider, die dem hierarchisch strukturierten Bildungssystem an den deutschen und österreichischen Universitäten eine geistige Mitschuld am Nazitum gaben. Als demokratischeres Gegenmodell wollten sie Internationale Hochschulwochen in Form eines College-Systems etablieren, wie das im englischen Sprachraum üblich ist.

Am Samstag, dem 25. August 1945, trafen die ersten rund 80 »Colleger«, darunter Österreicher, Franzosen, Schweizer, Amerikaner, die einen Wissenschaftler, die anderen Künstler, wieder andere Besatzungssoldaten und Studenten, im Bergdorf Alpbach ein. Fünfzehn Tage nach dem Kapitulationsangebot der japanischen Regierung, dreieinhalb Monate nach der Gesamtkapitulation der deutschen Wehrmacht in Europa. »Die durch die Atombomben auf Hiroshima und

Nagasaki vor zweieinhalb Wochen in die Atmosphäre geschleuderten Ascheteilchen schweben noch über dem Japanischen Meer, den japanischen Inseln und dem Nordpazifik«, schreibt Otto Molden in seinem Buch »Der andere Zauberberg – Das Phänomen Alpbach«. »Die meisten der Teilnehmer«, schreibt der Forum-Gründer weiter, »wussten nur sehr nebulos, was sie eigentlich in Alpbach sollten. Was sie aber sehr genau wussten, war, dass sie endlich wieder – für manche von ihnen nach sieben Jahren zum ersten Mal, für einige überhaupt zum ersten Mal – ohne Scheu über geistige und politische Fragen frei und offen würden sprechen können, und das sogar mit Ausländern.« Viele dieser »ersten Alpbacher« waren zu Fuß, mit einem kleinen Koffer in der Hand oder einem Rucksack auf dem Rücken, die acht Kilometer lange Bergstraße von Brixlegg und Reith nach Alpbach gekommen.

Die Durchführung des ersten Colleges war nicht zuletzt eine logistische Herausforderung. Damals gab es drei Wirtshäuser in Alpbach und ein paar Dutzend Bauernhöfe. Wo sollten die »Colleger« untergebracht, die Seminare abgehalten werden? Da half der erste, noch provisorische Tiroler Landeshauptmann nach dem Krieg und spätere Außenminister Karl Gruber. Er stellte den Forum-Gründern ein Schreiben aus, mit dem ihnen die Zigarettenfabrik in Schwaz 20 000 Zigaretten auszugeben hatte. Mit dieser »Regionalwährung« ausgestattet, gingen sie in Alpbach von Haus zu Haus und mieteten für zwei, drei Packerl Zigaretten Bauernstuben als Seminarräume und Dienstbotenkammern als Studentenunterkünfte. »Von Luxus konnte keine Rede sein«, beschrieb einmal der deutsche Philosoph Hans Albert den »Geist von Alpbach« in der *Furche*: »Aber die Primitivität der äußeren Umstände wurde ausgeglichen durch eine Intensität des geistigen Austauschs, wie ich sie später nirgends mehr erlebt habe.«

Dass gerade das kleine Bergdorf Alpbach ausgewählt wurde, nennt Otto Molden in seinem Buch einen Zufall. Gemeinsam mit seinem Gründungspartner Simon Moser, einem gebürtigen Tiroler und Bruder des Bürgermeisters von Alpbach, Dozent der Philosophie an der Universität Innsbruck und in den 1930er-Jahren Assistent des deutschen Philosophen Martin Heidegger, hatte Molden zunächst die ehemaligen »Gralsritter«-Baracken am Vomperberg gegenüber Schwaz als Seminarort ins Auge gefasst. »Trotz des hübschen Blicks auf das Inntal« waren die beiden von dieser früheren Sekten-Heimstatt aber nicht angetan. Da schlug Robert Muth, Dozent für klassische Philologie in Innsbruck, aufgrund der Schönheit und Einsamkeit das Bergdorf Alpbach vor – und legte damit den Grundstein für eine bis heute erfolgreiche College-Tradition. 1949 wurde der Name auf Europäisches Forum Alpbach geändert; aber der europäische Geist war von den ersten Studienwochen im Spätsommer 1945 an prägend für den »Spirit von Alpbach«. Otto Molden zog nach dem ersten Forum das Resümee: »Meine schon als Gymnasiast gehegte und in den Jahren der Herrschaft Hitlers und des Krieges oft schmerzlich verloren geglaubte, aber immer wieder triumphierend in mir auferstandene Vision von der neuartigen geistigen Gemeinschaft europäischer Völker war – wenn auch zunächst nur in bescheidenem Umfang – Wirklichkeit geworden.«

Das eigentliche Asset von Alpbach sind für mich die jungen Leute aus aller Herren Länder. Das war in den Gründerjahren so, das ist heute so. Entscheidend dafür sind ein eigenes Stipendienprogramm, die sogenannten Alpbach Clubs und das internationale Forum Alpbach Network (FAN). Derzeit sind in diesem Rahmen mehr als 30 Alumni-Organisationen in 21 verschiedenen Ländern und mehr als 20 FAN-Botschafterinnen und -Botschafter aktiv; sie organisieren nicht nur die Teilnahme der jungen Leute am Forum in Alpbach, sondern auch verschiedene Veranstaltungen während des Jahres in ihren Heimatregionen oder -städten. Unter meinem Vorgänger Erhard Busek wurde dabei vor allem ein Fokus auf die studentische Jugend am Westbalkan gelegt. Ich habe in meiner Zeit viele Veranstaltungen dieser Clubs in Serbien, in Albanien und anderswo am Balkan besucht, aber auch den Besucherkreis der jungen Leute über die Grenzen Europas hinaus erweitert. Wichtig war mir auch, ein Kulturprogramm während des Forums mit Ausstellungen, Konzerten, Kunstevents oder Kulturwanderungen zu etablieren.

Der Alpbacher Tradition folgend, immer bei der Avantgarde, den Frontrunnern, den Vorausdenkern von Entwicklungen und Problemstellungen dabei zu sein, habe ich angefangen, im Programm des Forums den synoptischen Diskurs zu fördern. Globale Herausforderungen wie Klimawandel, Digitalisierung, Künstliche Intelligenz und vieles mehr gehören synoptisch, also aus vielen Perspektiven, beleuchtet und analysiert. Globale Problemstellungen brauchen globales Denken mit wissenschaftlichen, wirtschaftlichen, politischen und kulturellen Inputs, um der Dimension dieser Fragen gerecht zu werden. Diese synoptische Herangehensweise ist aber mit vielen organisatorischen Schwierigkeiten verbunden, denn die örtlichen Kapazitäten sind begrenzt. In Zukunft wird es aber wichtig sein, die

Grenzen zwischen den Alpbacher Gesprächsformaten, egal ob zu Politik, Wirtschaft, Forschung oder Gesundheit, noch durchlässiger zu machen, um den Bubble-Effekt kleiner und den Austausch zwischen den wesentlichen Trägern der Gesellschaft größer zu machen. Damit ist Alpbach nicht allein, auch das Weltwirtschaftsforum Davos kiefelt an dieser Aufgabe.

Genauso wie an einer zweiten Ambition, in die ich zusammen mit meinem Geschäftsführer Philipp Narval und meinem exzellenten Team während meiner Präsidentschaft viel inhaltliche und organisatorische Energie investiert habe und die nach wie vor ganz oben auf der Forum-Agenda steht: Wie gelingt es uns, einen Impact, also eine über das Forum hinausgehende Wirkung, zu erzeugen? Impact verlangt viel Vor- und Nacharbeit, die wiederum auch finanziert werden muss. Um eine Vorstellung der Größenordnung zu geben: Davos investiert allein in die Impact-Förderung zehn Millionen Euro im Jahr, das sind weniger als zehn Prozent des Gesamtbudgets, das den Schweizern zur Verfügung steht, aber doppelt so viel wie das gesamte Alpbach-Budget.

Was den Impact seit 1945 anbelangt, kann man Alpbach sicher das Attribut »Klein, aber oho« zusprechen. Alpbach war und ist das Paradebeispiel der Entfaltung einer offenen Gesellschaft im Sinne Karl Poppers, ein »freier Marktplatz der Ideen« (Otto Molden); in Alpbach wurden und werden neue Entwicklungen in der Politik, in der Wirtschaft oder in anderen Wissensbereichen im europäischen und globalen Zusammenhang frühzeitig diskutiert. Das Alpbacher Denken war und ist liberal-pragmatisch geprägt und war immer darauf angelegt, nach vorne zu denken, aber nicht in Extreme zu verfallen. Alpbach, das Denkerdorf für die

Kraft der Mitte, oder wie es der im Vorjahr mit 103 Jahren verstorbene »Colleger« Hans Albert, der auch noch als Hundertjähriger das Forum besuchte, zusammenfasste: »Auf keinem anderen Kongress habe ich eine solche Vielfalt von Positionen erlebt. Die ganze europäische Geisteswelt war hier vertreten. Es gab keine Zensur. Liberale und Marxisten, Positivisten, Hermeneutiker und Metaphysiker, Katholiken, Protestanten und Atheisten kamen nach Alpbach und diskutierten miteinander.«

KAPITEL 16

WIEN, INSTITUT FÜR HÖHERE STUDIEN (IHS)

JOSEFSTÄDTER STRASSE 39

Als bald nach dem Krieg die sogenannten Bretton-Woods-Institutionen, nämlich die OECD, der Internationale Währungsfonds und die Weltbank, ins Leben gerufen wurden, fiel sehr schnell auf, dass österreichische Bewerber in diesen Einrichtungen kaum zum Zug kamen. Und dies, obwohl vor dem Krieg die sogenannte »Wiener Schule« der Ökonomie Weltruf besaß. Die Wiener Ökonomen, allen voran Joseph Schumpeter und Friedrich von Hayek, mussten allerdings größtenteils vor den Nazis flüchten oder wurden vertrieben. Die meisten von ihnen landeten in den USA. Für die Universität Wien war das ein unwiederbringlicher Aderlass. Auch nach dem Krieg blieb die Hochschule für Welthandel in Wien weit hinter den Entwicklungen in den internationalen Wirtschaftswissenschaften zurück, was vor allem den nach wie vor dort tätigen Professoren geschuldet war, an denen die boomenden neuen Methoden der Ökonometrie spurlos vorbeigegangen sind.

Das rief die Politik in Person des in internationalen Dimensionen denkenden Staatssekretärs im Außenamt und späteren Außenministers Bruno Kreisky und den Gouverneur der Nationalbank, Reinhard Kamitz, auf den Plan. Die beiden suchten nach einem Weg, dieses Manko zu beheben. Kamitz war Ende der 1950er-Jahre Finanzminister, danach Präsident der Nationalbank und hat sich in die Geschichte der österreichischen Wirtschaftspolitik mit dem nach ihm und Bundeskanzler Julius Raab benannten »Raab-Kamitz-Kurs« eingeschrieben. Kreisky und Kamitz, diese beiden Herren, der eine ein Sozialist, der andere ein Rechtskonservativer, nahmen sich vor, die Wirtschaftswissenschaften in Österreich auf neue, zukunftsträchtigere Beine zu stellen. Dafür sollten einige vor den Nazis geflohene Wirtschaftswissenschaftler wieder nach Österreich zurückgeholt werden, was ihnen mit zwei prominenten Wissenschaftlern, nämlich dem Soziologen Paul F. Lazarsfeld und dem Ökonomen Oskar Morgenstern, auch gelang. Mit diesen beiden wissenschaftlichen Aushängeschildern an der Spitze und mit finanzieller Unterstützung der Ford Foundation wurde Anfang 1963 das IHS gegründet. Das primäre Ziel in der Anfangszeit war, jungen Wirtschafts- und Sozialwissenschaftlern ein Postdoc-Studium anzubieten und ihnen vor allem ökonometrische Kenntnisse zu vermitteln. Im Laufe der folgenden Jahrzehnte haben die Wirtschaftswissenschaften lehrenden Universitäten jedoch nachgezogen, und in der Folge ist die ursprüngliche Aufgabe des IHS in den Hintergrund getreten.

Vor gut zehn Jahren wurde ich eingeladen, im IHS-Kuratorium mitzuwirken. Und 2015 habe ich die Nachfolge von Heinrich Neisser als Präsident des IHS angetreten. Neisser hatte diese Funktion dreißig Jahre lang ausgeübt. Zu Beginn meiner Tätigkeit im Kuratorium haben wir eine neue Strategie für das IHS entwickelt. Dabei sind wir von der früheren Struktur der drei Disziplinen Ökonomie, Soziologie und Politologie weggegangen und haben ein Forschungsinstitut geformt, das nach interdisziplinären Forschungsthemen wie öffentliche Finanzen, Gesundheitspolitik, Arbeitsmarkt und Sozialpolitik, Technologie und Wissenschaft sowie Bildung und Hochschulen organisiert ist.

Unser neues Mission Statement heißt: »Forschung, die zählt«. Das IHS beschäftigt sich also mit den Zukunftsthemen unserer Gesellschaft, und das sind genau die Dinge, die mich interessieren, weshalb ich auch sehr gerne Präsident dieses Instituts bin. Das IHS steht einerseits für Exzellenz in der wirtschafts- und sozialwissenschaftlichen Forschung, andererseits ist das Institut stark auf Interdisziplinarität angelegt, das heißt – und das ist das besondere Asset –, das IHS ist in der Lage, die Themen unserer Zeit aus soziologischer, politologischer sowie makro- und mikroökonomischer Perspektive zu betrachten. Diese »synoptische« Herangehensweise, die mir auch beim Forum Alpbach wichtig war und ist, macht die Stärke dieses Instituts aus. Gerade für die wichtigen Fragestellungen unserer Gesellschaft braucht es das Zusammenspiel verschiedener Disziplinen. Daher soll die Interdisziplinarität weiter gestärkt und ausgebaut werden.

Neben der Frage der wissenschaftlichen Exzellenz hat das Institut eine zweite enorm wichtige Aufgabe, nämlich die faktenbasierte Politikberatung. Das IHS wird täglich von Medien und Institutionen angefragt, um zu verschiedenen Themen Stellung zu beziehen. Politikberatung ist daher eine der Kernaufgaben des Hauses und muss entsprechend gepflegt und weiterentwickelt werden. Ich glaube, für die Zukunft ist es wichtig, dass das IHS in der Lage ist, Lösungsvorschläge und politische Ideen zu präsentieren, die dazu beitragen, die in unserer Gesellschaft bestehenden Probleme zu lösen.

Das Zusammenspiel zwischen Politik und Wissenschaft, das mein politisches Handeln geprägt hat, funktioniert meiner Wahrnehmung nach zunehmend besser. Gleichzeitig sehe ich dabei weiterhin noch viel Luft nach oben. Es ist meine tiefste Überzeugung, dass politische Entscheidungen immer entweder werte- oder wissenschaftsgestützt oder beides sein müssen; sonst ist einfach das Risiko zu groß, dass man irgendwelchen Ideologien aufsitzt. Die grassierende Wissenschaftsskepsis, ja Wissenschaftsfeindlichkeit insbesondere in Österreich, die von den rechten Populisten geschürt wird, ist für mich eine weitere verheerende Folge der Ausdünnung der Mitte. Man kann geradezu postulieren: An ihrer Wissenschaftsfeindlichkeit, an ihrer Realitätsverweigerung werdet ihr sie erkennen! Von der FPÖ bis zu Donald Trump. Die Verdrehung der Realität ist das verbindende Element zwischen ihnen. Denn die Realität zeigt eindeutig in die Richtung, dass man die Themen zusammen denken, Lösungsstrategien aus den verschiedensten Wissensbereichen zusammen entwickeln und Synergien nutzen muss.

Ich rede hier keiner blinden Wissenschaftsgläubigkeit das Wort, aber wenn faktenbasierte Argumentation keine Rolle mehr spielt, bricht eine Autorität weg und die Gesellschaft driftet wieder ein Stück weiter auseinander. Diese zentrifugalen Tendenzen sind deutlich zu spüren, und es braucht geeignete Maßnahmen dagegen. Die Kulisse, vor der wir heute auf globaler, europäischer und nationaler Ebene stehen, zeigt den Ernst der Lage. Man muss diesen Leuten sagen: So nicht, Herr Trump! So nicht, Frau Le Pen! So nicht, Herr Orbán! So nicht, Herr Kickl! Die extremen Rechten versuchen ganz gezielt, unsere liberale wertebasierte Gesellschaftsordnung kaputt zu machen. Aber was haben sie als Alternative anzubieten? Nichts, außer den Nationalismus! Um diesem Irrweg, der zurück in eine Zeit und in ein Denken führt, das die Welt in zwei Kriege gestürzt und Europa sowie Österreich zerstört hat, nicht zu folgen, brauchen wir eine neue Erzählung von Europa und unserer gemeinsamen Zukunft. Oder, um beim Bild zu bleiben, eine neue Wegbeschreibung, wo wir hinwollen. Eine Art Routenplaner für ein nachnationales Europa. Einen solchen versucht Robert Menasse in seinem Buch »Die Welt von morgen« zu beschreiben. Unter nachnational können sich viele Menschen noch nicht allzu viel vorstellen. Das Ziel muss eine griffige Erzählung über Europa sein, das anders ist als die Vereinigten Staaten von Amerika. Man sollte nicht vergessen, dass unser derzeit übliches Modell des Nationalstaats aus dem 19. Jahrhundert stammt, und niemand kann behaupten, dass dieses Modell für die Ewigkeit gedacht ist. Damals hat man noch nicht einmal in kontinentalen, geschweige denn in globalen Dimensionen gedacht. Heute im Global Village bedarf es anderer Governance-Modelle. Dafür muss auch die Subsidiarität neu gedacht werden. Wie ein gescheiter Mensch einmal gesagt hat: In Europa gibt es nur Kleinstaaten, nur manche wissen es noch nicht. Für die Zukunft braucht es den europäischen Verbund und eine Stärkung der Regionalität und kulturellen Vielfalt. Beileibe keine leichte Aufgabe, sondern ein Projekt, das zur Umsetzung alle vereinten Kräfte der politischen Mitte braucht und gleichzeitig dieser Mitte wieder zu neuer Kraft verhelfen kann. Denn die Nationalisten beziehungsweise die Rechten verwechseln die angebliche Griffigkeit ihrer Erzählung einer Welt von morgen mit Simplifizierung, mit Primitivität, mit dem Rückfall in eine überwunden geglaubte Zeit und Welt. Das eigentliche Problem in der nationalen wie auch in der europäischen Politik besteht nämlich darin, dass nicht die Parteien an den Rändern so wahnsinnig stark sind; die haben teilweise sehr zugelegt, stimmt, aber das eigentliche Problem ist die Schwäche der Parteien der Mitte. Und zwar sowohl die der Mitte-rechts- als auch der Mitte-links-Parteien.

Die Mitte dünnt aus, weil sie ihren geistigen Hintergrund nicht ausreichend pflegt und weil sie zu wenig innovativ und mutig ist. Aber wer stehen bleibt, fällt zurück. Das gilt überall. Pragmatismus allein reicht nicht aus, genauso wie Idealismus allein uns auch nicht weiterbringt. Die Kraft der Mitte ist dann stark, wenn es ihr gelingt, idealistisch zu denken und pragmatisch zu handeln. Dann landet man automatisch beim europäischen Einigungsprozess. Robert Menasse dazu in seinem Buch: »Die EU ist das vorläufige reale Ergebnis einer konkreten Utopie, eines Blicks in die Welt von morgen, in eine Zukunft, auf der Basis von historischen Erfahrungen und von Gestaltungswillen.« Und als Kontrastfolie dazu zieht er die nationalistische Kritik auf: »Was will sie, was stellt sie sich unter Zukunft vor? Die Rückkehr in eine Geschichte, die es nie gegeben hat (ein glückliches, ethnisch definiertes Volk lebt auf seinem Territorium in freier Selbstbestimmung in Frieden und allgemeinem Wohlstand und trotzt allen Stürmen der Geschichte). Eine Rückkehr ins Nie-Gewesene ist keine Zukunft. Der Nationalismus hat keine Zukunft. Aber er kann die vorläufige zerstören.«

Das zu verhindern ist Aufgabe der Mitte, ist unser aller Aufgabe.

KAPITEL 17

FRIEDERSBACH, WALDLAND

Am Ende dieses Buches komme ich an dessen Anfang zurück. Ich habe zu Beginn die Landwirtschaft meiner Großeltern beschrieben, wo es neben unseren paar Milchkühen auch einen Ochsen gab, Schweine und Federvieh, sogar Enten, die ich als kleiner Pimpf am Markt in Hall verkaufte. Aber wir hatten auch einen Gemüsegarten und einen Getreideacker und, nicht zu vergessen, mehrere Dutzend Obstbäume. Worauf ich hinauswill: Unsere Landwirtschaft war zwar klein, aber gleichzeitig sehr vielfältig. Und Vielfalt hat auch Vorteile. In der Wirtschaft generell und in der Landwirtschaft besonders. Das war meine Überzeugung als Agrarier, egal ob während meiner Zeit in der Wissenschaft oder in der Kammer, in der Politik oder als Berater und im Wissensmanagement danach. Gerade auch für die Zukunft der Landwirtschaft sehe ich ein enormes Potenzial darin, die noch nicht gehobenen Schätze der Natur zu entdecken und zu heben. Ein paar Beispiele dieser potenziellen Schätze stelle ich in den folgenden Absätzen vor. Sie sollen als Anregung für Kreativität und Fantasie beim Weiterdenken darüber dienen, was wir mit einer vielfältigen Landwirtschaft in Kombination mit modernster Wissenschaft noch entdecken und erreichen können.

Zurzeit gibt es einen enormen Trend hin zu Naturprodukten. Neben Pharmazeutika aus Naturstoffen boomen aktuell zum Beispiel sogenannte »Organics«. Allein die Firma Red Bull macht mit ihren Organics bereits fast zwei Milliarden Euro Umsatz.

Für diese Produkte bedarf es natürlicher Rohstoffe, die in der Regel in biologischer Landwirtschaft hergestellt werden. In diesem Bereich federführend wissenschaftlich tätig ist seit vielen Jahren das ADSI, das Austrian Drug Screening Institute. Maßgeblich initiiert und aufgebaut hat diese Ausgründung der Universität Innsbruck Univ.-Prof. Dr. Günther Bonn, der mittlerweile emeritierte Vorstand des Innsbrucker Instituts für Analytische Chemie und Radiochemie. Am ADSI werden mithilfe moderner Analysemethoden die in einer Pflanze vorhandenen Wirkstoffe identifiziert, isoliert und auf ihre therapeutischen Potenziale untersucht. Die dabei gewonnenen Erkenntnisse fließen in die Entwicklung neuer Pharmazeutika, Kosmetika, Nahrungsergänzungsmittel etc. ein.

Meine Verbindung zum ADSI besteht darin, dass ich seit einiger Zeit als Vorsitzender des wissenschaftlichen Beirats dieses Instituts tätig bin und mich deswegen für diese Entwicklungen interessiere. In diesem Wissenschaftsfeld steckt ein enormes Potenzial auch für die Weiterentwicklung der Landwirtschaft.

Eine mittlerweile weltweit bekannte Erfolgsgeschichte aus dem ADSI ist das bayerische Familienunternehmen Bionorica, einer der führenden Hersteller pflanzlicher Arzneimittel. Bionorica-Chef Dr. Michael A. Popp hat in Innsbruck bei Günther Bonn dissertiert, danach das von seinem Großvater begonnene Unternehmen übernommen und zum Global Player ausgebaut. Popp hat den Begriff »Phytoneering« geprägt und drückt damit die Verbindung zwischen der Wirkkraft der Pflanzen und den Möglichkeiten der modernen Pharmaforschung aus. Ein Erfolgsprodukt des Unternehmens ist Sinupret, das zur Behandlung akuter und chronischer Entzündungen der Nasennebenhöhlen eingesetzt wird. Die Heilpflanze, deren Wirkstoff für die Herstellung von Sinupret genutzt wird, ist die Schlüsselblume, auch Himmelsschlüssel genannt. Um ausreichende Mengen an Himmelsschlüsseln zu produzieren, nahm Bionorica Kontakt mit der Firma Waldland in Friedersbach bei Zwettl im Waldviertel auf. Waldland hat sich bereits vor Jahrzehnten auf die Produktion neuer Kulturpflanzen und auf die Veredelung pflanzlicher und tierischer Produkte spezialisiert. Ich war als Landwirtschaftsminister schon bei der Gründung des Unternehmens dabei. Und auf 300 Hektar Waldland-Feldern wachsen nunmehr die Himmelsschlüssel für die Firma Bionorica.

Eine ähnliche Entwicklung nahmen viele andere Stoffe aus dem Anbau der Waldlandbauern. Zum Beispiel Getreidekeimlinge, von denen man pro Hektar nur wenige Kilo ernten kann, die jedoch für bestimmte Anwendungen den sehr wertvollen Grundstoff bilden. Eine lange Tradition in der Gegend um Zwettl hat auch der Graumohnanbau. Das älteste Urbar des Stiftes Zwettl von 1280 erwähnt ihn bereits. Eine wichtige Verwendung in früheren Zeiten war, die Laternen für das Ewige Licht in den Kirchen mit Mohnöl als Brennstoff zu füllen. Die einstige europaweite wirtschaftliche Bedeutung dieser Kulturpflanze wird daran deutlich, dass der Zwettler Graumohn bis 1934 sogar an der Londoner Produktenbörse gehandelt wurde. Fehlende Mechanisierung und billigere Importe aus anderen Regionen ließen den Mohnanbau in Österreich im Laufe des 20. Jahrhunderts fast in Vergessenheit geraten. Dank der Initiative des Waldviertler Sonderkulturenvereins, sprich der Waldland-Mitgliedsbetriebe, wurde diese Mohntradition wieder mit Leben erfüllt und seither auch wirtschaftlich erfolgreich weitergeführt.

Wenn man diese Trends weiterdenkt, kann man mit Fug und Recht davon ausgehen, dass die Verwendung von neuen agrarischen Produkten in verschiedensten Anwendungsformen in der Zukunft eine wachsende Rolle spielen wird.

Abschließen möchte ich diese Aufzählung mit einem Beispiel, das über die Verwendung natürlicher Rohstoffe für Lebensmittel, Lebensmittelzusatzstoffe oder Pharmazeutika hinausgeht, nämlich mit Faserpflanzen für die Textilindustrie. Diese werden in Zukunft nicht nur in der Textilindustrie, sondern auch als Stützmaterial im Karosseriebau, in der Plastikindustrie und als Bau- und Isolierstoffe eine Rolle spielen.

Zusammenfassend kann man sagen: Die Anwendungsgebiete für Naturprodukte sind nahezu endlos. Und da war noch gar nicht davon die Rede, welche zusätzlichen Möglichkeiten die Gentechnik bietet. Gerade in Österreich wäre es wichtig, dass mehr Vernunft in die Diskussion rund um die grüne Gentechnik und deren Anwendung in der Landwirtschaft zurückkehrt. Auch hier plädiere ich dafür, Extrempositionen zu verlassen und auf die Kraft der Mitte, sprich eine rational geführte Diskussion über den Nutzen der grünen Gentechnik, zu setzen. Entscheidend ist für mich, dass wir der Weiterentwicklung der Biotechnologie gegenüber offenbleiben. Gentechnik kann ja auch dazu dienen, wesentlich gezielter und schneller, mit weniger Ausschuss und Abfall, neue Pflanzensorten zu züchten. Das künftig primäre Anwendungsgebiet der grünen Gentechnik liegt für mich jedoch darin, die Landwirtschaft bei der Bewältigung der zunehmenden Probleme aufgrund des Klimawandels zu unterstützen. Ich rede hier nicht nur über Wassermangel, auch andere Stressfaktoren für die Kulturpflanzen nehmen rapide zu: neue Krankheiten, neue Schädlinge und die Intensivierung des Schädlingsbefalls, man denke nur an den Borkenkäfer. Ich kenne das Hauptargument der Gegner der Gentechnik: Die Natur kann sich selbst an Veränderungen anpassen! Stimmt, das kann die Natur, das will ich überhaupt nicht bestreiten. Aber die Natur braucht dafür Zeit und zwar viel Zeit, und genau diese Zeit steht ihr heute nicht mehr zur Verfügung, weil der Klimawandel viel, viel schneller voranschreitet als frühere Klimaumstellungen. Vor dem Hintergrund der sich rasant verändernden Umweltbedingungen sehe ich daher in der Gentechnik eine Chance, den normalen evolutionären Fortschritt zu unterstützen und zu beschleunigen.

Der Intention dieses Buches treu bleibend, verstehe ich auch Evolution über die rein biologische Engführung hinausgehend als einen Prozess der Mitte. Die Kraft der Mitte ist entscheidend für die Gesellschaft, die Politik, die Wirtschaft, die Wissenschaft, die Religionen und für individuelle und kollektive Formen des Zusammenlebens. Europa, Österreich, unsere Eltern- und Großeltern-Generation hat erlebt und vor allem in Krieg und Verwüstung durchleiden müssen, was passiert, wenn Politik nicht mehr von der Mitte, sondern von den extremen Rändern her bestimmt wird. Aus dieser Katastrophenerfahrung ist die Erzählung vom Friedensprojekt Europa hervorgegangen. Die Stärke dieses Narratives ist im Laufe der vergangenen Jahrzehnte etwas verblasst, wie auch die politische Mitte ausgedünnt ist. Als Nachkriegskind der ersten Generation war es meine Intention, mit diesem Buch Anregungen und Ideen für eine neue, zukunftsgerichtete, enkeltaugliche Geschichte über Europa zu erzählen. Ein Narrativ, das positive Emotionen weckt, eine Erzählung, die eine Alternative zum Klein-Klein und Gegeneinander des Nationalismus bietet, eine Vision, die auf die Kraft der Mitte setzt. Ich hoffe, es ist deutlich geworden, dass echter Fortschritt und die Weiterentwicklung Europas zu einer nachnationalen Demokratie – wie das Robert Menasse in seinem Buch »Die Welt von morgen« nennt – nur aus der Mitte der Gesellschaft kommen kann. Jede und jeder von uns ist eingeladen, diese Geschichte aufzugreifen, um eigene Erfahrungen anzureichern, sie weiterzuerzählen, die Mitte der Gesellschaft zu stärken und so an einer gedeihlichen Zukunft Europas mitzubauen.

DANKSAGUNG

Ich möchte mich bei allen Personen herzlich bedanken, die zum Zustandekommen dieses Buches beigetragen haben.

Insbesondere gebührt ein herzliches Dankeschön Herrn Wolfgang Machreich, der all das, was ich ihm erzählt habe, in einen lesbaren Text verwandelt hat. Ebenso danke ich Frau Bettina Stimeder, die das Zustandekommen dieses Buches angestoßen hat und nicht zuletzt meiner Frau Heidi und meiner Familie, die mich bei meiner Arbeit tatkräftig unterstützt haben.